U0360242

实证社会科学
Social Science Research

（第十一卷）

樊　博　主编

上海交通大学出版社
SHANGHAI JIAO TONG UNIVERSITY PRESS

图书在版编目（ＣＩＰ）数据

实证社会科学. 第十一卷 / 樊博主编. — 上海：
上海交通大学出版社，2023.6
ISBN 978 - 7 - 313 - 28844 - 8

Ⅰ.①实…　Ⅱ.①樊…　Ⅲ.①社会科学-文集　Ⅳ.
①C53

中国版本图书馆 CIP 数据核字（2023）第 103123 号

实证社会科学（第十一卷）
SHIZHENG SHEHUIKEXUE(DI-SHIYI JUAN)

主　　编：樊　博
出版发行：上海交通大学出版社　　　　　地　　址：上海市番禺路 951 号
邮政编码：200030　　　　　　　　　　　电　　话：021 - 64071208
印　　刷：上海万卷印刷股份有限公司　　经　　销：全国新华书店
开　　本：787mm×1092mm　1/16　　　印　　张：9.25
字　　数：160 千字
版　　次：2023 年 6 月第 1 版　　　　　印　　次：2023 年 6 月第 1 次印刷
书　　号：ISBN 978 - 7 - 313 - 28844 - 8
定　　价：59.00 元

版权所有　侵权必究
告 读 者：如发现本书有印装质量问题请与印刷厂质量科联系
联系电话：021 - 56928178

实证社会科学
Social Science Research

主办单位: 上海交通大学国际与公共事务学院

主　　编: 樊　博

副主编: 易承志

编委会成员:（按姓氏笔画排列）

边燕杰（西安交通大学）　　　　　李连江（香港中文大学）

杨开峰（中国人民大学）　　　　　肖唐镖（南京大学）

吴建南（上海交通大学）　　　　　邱泽奇（北京大学）

何艳玲（中山大学）　　　　　　　陆　铭（上海交通大学）

陈映芳（上海交通大学）　　　　　陈　捷（上海交通大学）

易承志（上海交通大学）　　　　　庞　珣（清华大学）

赵鼎新（University of Chicago）　　胡　近（上海交通大学）

钟　杨（上海交通大学）　　　　　唐文方（University of Iowa）

唐世平（复旦大学）　　　　　　　阎学通（清华大学）

敬乂嘉（复旦大学）　　　　　　　谢　宇（Princeton University）

蓝志勇（University of Arizona）　　樊　博（上海交通大学）

编辑部成员:

易承志　樊　博　陈映芳　刘帮成　陈永国　黄琪轩

陈慧荣　魏英杰　杜江勤　韩广华　杨　姗　奚俞魍

目　录

CONTENTS

Research Articles

CONTENTS

研究文章

超越充分性逻辑：
NCA 方法及其对公共管理议题的启示 *

锁利铭　高光涵　黄钰荀　李　军 **

摘　要：各个领域的发展和创新都充斥着对于必要性、关键性和重要性因素的诉求。寻找实现某一结果的必要条件，对于组织目标的实现具有重要作用，但现行的研究方法对诉求的回应和解决尚缺乏有效的、完整的和科学的支撑。文章首先分析了必要条件分析的必要性，通过哲学溯源探讨了社会科学条件逻辑的因果误判，认为实证主义研究进路存在认知偏向的学术思困，同时通过学科反思指出了公共管理因果推论的独特诉求。其次，介绍了 NCA（必要条件分析）方法的创始和发展，介绍了这一研究工具对于必要性条件分析的基本实现逻辑，并将其与 QCA、回归分析进行比较。最后，探讨了必要条件分析在公共管理研究议题中的应用现状与回应，并列举了国家治理话语体系中的必要条件表述，进而从 NCA 在公共管理研究议题运用、NCA 与其他探究方法混合运用以及 NCA 的方法适用性及比较分析等三方面提出了研究展望。

关键词：NCA；必要条件分析；公共管理

　　* 本文受国家自然科学基金面上项目“基于‘网络关联’的城市治理功能协同：机理、结构与迭代”（批准号 72074129）和南开大学文科发展基金一般项目“面向网络型城市群的协同治理机制、结构与模式创新研究”（ZB21BZ0219）的资助。致谢：本文曾在《实证社会科学》专题工作坊 2021 年第 2 期宣读，感谢工作坊的组织与点评人的建议；感谢纽约城市大学巴鲁克学院陈斌教授对论文给予的指导和建议。

　　** 锁利铭（1979—），男，博士，南开大学周恩来政府管理学院教授，研究方向为城市与区域治理、复杂网络与政策网络、网络空间治理、地方可持续发展等，E-mail：suoliming@nankai.edu.cn；高光涵（1996—），男，南开大学周恩来政府管理学院博士生；黄钰荀（2000—），女，南开大学周恩来政府管理学院硕士生；李军（2000—），男，南开大学周恩来政府管理学院硕士生。

在政治、行政、商业、社会等各个领域的发展和创新过程中,充斥着对于必要性、关键性和重要性的诉求。寻找实现某一结果的必要条件,对于组织目标的实现具有重要作用。因此,理论界和实务界都希望并需要去探索更多的必要条件或必要因素,去发现和探讨关于必要条件的作用规律。但是,现行的研究方法对诉求的回应和解决尚缺乏有效的、完整的和科学的支撑。同时,何为必要、何为关键以及何为重要在日常生活中或是在国家政策话语体系中所表达出来的语境与社会科学中的研究方法所探讨出来、解析出来的原因和发展规律这两者在性质上的特殊区别何在等问题都有待解答。基于此,本文聚焦于社会科学研究中的必要条件分析,探究其必要性并介绍 NCA 分析方法的逻辑及其与其他研究方法的比较,同时分析必要条件分析在公共管理研究中的现状,分析必要条件分析的现实需要和意义,最终提出必要条件在公共管理研究中运用的展望。

一、必要条件分析之必要性

(一)哲学溯源:社会科学条件逻辑的因果误判

从人类社会现象出发,追本溯源、厘清真相,探寻因果逻辑的黑箱,是属于现代社会科学研究者的共同使命。在政府的社会管理和公共政策领域,对其施政中因果机制的阐释尤为重要。通过发掘某一现象、某一事件或某一结果的关键起因,寻找"黑箱"中的核心推动力,能够促使政策制定者通过事先干预、引导、改造环境等策略,使现象、事件或结果向有利的方向转化,这被称为"因果关系的工具价值"(章奇,2008)。而针对必要条件展开的分析,实际上就是在更广阔的层面上实现这种"工具价值"。正如辩证法里"一切以时间地点条件为转移"的普遍联系观点,任何一个现象、事件和结果的发生都是基于一定的条件。所谓"因果关系"即是这普遍联系中的一个环节或枢纽,是构成结果发生的特定条件的一部分(张华夏,1992)。因而从条件逻辑出发分析前因后果,成为哲学家们尝试解开因果之谜的首要考量。

大卫·休谟是西方哲学史上自亚里士多德以来对因果关系理论第一个做详细论证的哲学家(Hume,1777)。他认为:"我们可以把原因定义为一个对象(X_1)①,它被另一个对象(Y)所跟随(followed);并且所有类似于前者的

---

① 原文对应:"Subject",为便于后文区分,命名为 X_1,下同。

对象都被类似于后者的对象所跟随。换言之,如果前一个对象(X_2)不存在,那么后一个对象(Y)也不会存在。"[1]从逻辑形式上解读,该定义的前一句可符号化为"$X_1 \rightarrow Y$",即 X_1 出现,Y 必然发生。而后一句可符号化为"$\bar{X_2} \rightarrow \bar{Y}$",即如果 X_2 没有出现,那么 Y 一定不发生。根据"原命题等价于其逆否命题"的推理规则,可将第二句转化为肯定形式"$Y \rightarrow X_2$",这意味着 Y 的发生一定包含着 X_2 已经出现[2]。通过比较两句话的肯定形式("$X_1 \rightarrow Y$""$Y \rightarrow X_2$"),可以对此加以区分:在假言判断范畴的术语表达里,X_1 被视为充分条件,而 X_2 被视为必要条件。从而通过休谟的阐述在条件逻辑和因果关系之间架起了桥梁,以此为基础延展出"多对一"因果关系的一类划分方法。一般将这两类条件所蕴含的因果性质区分为"充分原因"和"必要原因"(Abbott,1974;Goertz,2003;Lewis,1973;Pizzi,1993)。

在实践导向的日常用语中,人们往往会对不同条件逻辑的因果概念混淆使用、简单处理。事实上,当人们为了防止恶性事件发生而寻找原因时,这类原因常被认为是必要条件,如考虑如何规避群体性事件爆发就是一种必要逻辑;而当人们寻找原因不是为了避免而是为了推动良性事件发展时,这类原因常被认为是一种充分条件,如探索助力"智慧政务"推广的因素就是一种充分逻辑。尽管现实中人们很少对"原因"一词加以过多地区分,但在哲学社会科学研究中,因果逻辑的混淆意味着学术的大厦将倾。然而,传统逻辑学者对于"原因究竟是充分? 还是必要?"的混乱[3],早已使后来的"因果性"研究走向片面:如 Hempel(1955)、Hospers(1961)以及 Popper(1972)将原因仅解释为充分条件,Nagel and Hawkins(1961)将原因仅理解为必要条件,Taylor(1963)则将原因完全视为充分必要条件。直到英国逻辑学家 Von Wright(1973)指

---

① 原文对应:"We may define a cause to be an object, followed by another, and where all the objects, similar to the first, are followed by objects, similar to the second. Or in other words, where, if the first had not been, the second never had existed."

② 更进一步,可以将假言判断转化为选言判断 $X_2 \, or \, \bar{Y}$(或者 X_2 出现,或者 Y 不发生,两者只能成立一个。它包含三种联言判断的基本情况① $X_2 \, and \, Y$ ② $X_2 \, and \, \bar{Y}$ ③ $\bar{X_2} \, and \, \bar{Y}$。之所以没有 $\bar{X_2} \, and \, Y$ 的情况,是因为根据德摩根律,$\overline{X_2 and Y} = X_2 \, or \, \bar{Y}$,该情况为对立情形。总之,休谟第二句话要解释的因果关系便是,Y 的发生一定要有 X_2 的出现,即 $Y \rightarrow X_2$;但有了 X_2 的出现,Y 可能发生也可能不发生,即① $X_2 \, and \, Y$ ② $X_2 \, and \, \bar{Y}$ 均可以成立;而没有情景 X_2 的出现时,事件 Y 一定不发生,即 $\bar{X_2} \, and \, Y$ 不成立,即前因不存在时结果不会发生。

③ 主要是穆勒五法(Mill,1869),对于混淆的论证可参考张华夏(1992)。

出这一混淆,并由澳大利亚哲学家 J.L.Mackie(1965)给出了现代逻辑学界普遍接受的因果定义:"原因就是 INUS 条件(Insufficient but Necessary part of an Unnecessary but Sufficient condition)",即"某个充分不必要条件中的必要不充分部分"。

表 1 给出了公共管理领域中一个适用于 INUS 条件分析的案例。由表可见,引起大气污染防治政策执行出现偏差的充分条件分析结果中共有 5 条子组合路径,构成每条子组合路径的条件变量不止一个,更值得关注的是,部分条件变量在这些子路径中重复出现,这些重复出现的条件变量因其不可替代性构成引致政策执行偏差的 INUS 条件。以"无环保约谈(~INT)"[①]为例,这一条件变量从属于组合路径 2、3 和 4 之中,因而是这三条路径的必要不充分部分;且这三条路径又均以组态的形式构成了充分但不必要的条件,因而"无环保约谈(~INT)"就可被称为引起大气污染防治政策执行偏差的一个 INUS 条件。INUS 理论是在休谟意义上对因果关系的精细解读,虽未超越休谟主义的概念,但却实现了因果性在条件逻辑上的形式建构;除此之外,当前因果研究的反事实分析倾向(A Counterfactual Analysis of Causation),也同样仍离不开 INUS 理论的互补和支撑(冉奎、万小龙,2021)。通过回溯从条件逻辑阐述的因果关系的方法论发展脉络,可以推论,针对社会现象中因果机制研究的指向仍然在于需要对必要条件和充分条件进行区别与解析。

表 1   INUS 条件举例:大气污染防治政策执行偏差的充分条件分析

	组合路径
1	政策激励(PI)、无外部注意力(~OA)、无内部注意力(~IA)
2	无环保约谈(~INT)、无政策激励(~PI)、无外部注意力(~OA)、无政治联盟(~PU)
3	无环保约谈(~INT)、外部注意力(OA)、无内部注意力(~IA)、无政治联盟(~PU)
4	无环保约谈(~INT)、无政策激励(~PI)、无外部注意力(~OA)、无内部注意力(~IA)、政治联盟(PU)
5	环保约谈(INT)、无政策激励(~PI)、无外部注意力(~OA)、无内部注意力(~IA)、无政治气氛(~PAM)

注:根据孙昕聪、黄靖和魏姝(2020)修改。

---

① "~"在组态分析中代表"非","无环保约谈"的表达式则为"~INT"。

(二)学术思困:实证主义研究进路的认知偏向

虽然必要条件的逻辑可以追溯到大卫·休谟的科学哲学,但在现代社会科学中,这一逻辑在很大程度上被忽视了。正如前文对于休谟因果论进行符号化阐释所用的篇幅不同,休谟前一句话中所揭示的充分性逻辑更易被大众接受和理解。学者们也因此更倾向于从充分条件的角度来研究"$X_1 \rightarrow Y$"的因果机制(Wasserman,Dorner,and Kao,1990;Mandel and Lehman,1998),而对于后一句话中"$Y \rightarrow X_2$"这一必要性的因果逻辑却很少在研究中被表述和检验(Dul et al.,2010)。这导致在社会科学研究中呈现出一种较为倾斜甚至不平衡的状态,让科学研究者与其受众对充分性和必要性难以形成清晰的认知辨析。

基于这一认知偏向,传统的科研方法自然大多关注对充分条件的探究(Dul,2016)。尤其是 Francis Galton(1886)发现相关性以来,人们的焦点就一直放在回归和平均趋势上:从单个或多个预测因子预测结果。虽然已经有检验必要性的方法和工具,如相关系数比较(Correlation Coefficient Comparisons)(Runco and Albert,1886)、多项式回归(Polynomial Regressions)(Gralewski and Karwowski,2012;Karwowski and Gralewski,2013)、分段回归(Segmented regression)(Jauk et al.,2013;Mourgues et al.,2016)、定性比较分析(Qualitative Comparative Analysis)(Schneider and Wagemann,2010)等,但也基本是循着充分性的思路和工具来判断条件是否必要,其结果仍然是平均的。同时,在很多定量研究中,采用传统方法分析出零影响或微影响的因素有时会被错误地识别为必要条件,而实际上只是些无关紧要的充分性变量;而那些分析出较大影响的因素本该被识别为必要条件,而研究者却又惯性地将其视作重要的充分性变量(李辉,2017)。以公共管理为例,久而久之催生出一种社科研究的思维困境——学者们倾向于为文章寻求量化依据(王印红,2015;马亮,2017),但在量化过程中又往往进行了错误的性质识别。除此之外,定量研究也存在被滥用的问题(王印红、王刚,2013),不少定性研究者对于错用了不恰当的定量分析方法浑然不觉(刘润泽、巩宜萱,2020)。总体观之,目前的科研思困可归纳为"质性研究的量化滥用"与"量化研究的定性误区"两大类。

事实上,定性研究和定量研究从一开始就是泾渭分明的。就数学基础而言,定性研究是基于逻辑和集合论,而定量研究则基于推理统计学(Goertz and Mahoney,2012)。就其研究的因果机制而言,定性研究专注于确定性的因果解释(充分/必要原因),因为在进行条件推理时原因和结果总要有一个是确定的,其与事件发生的概率可能性(probabilism)相对立;而定量研究聚焦于非确定的因果解释(近似充分/必要原因、非独立充分/必要原因),其假定因果事件的发生是以一种非确定的、类似回归模型的方式表现出来的(章奇,2008)。就研究的目的而言,如果研究者希望计算解释变量对于被解释变量的平均作用效果,应采用定量研究;而如果研究者更关注变量之间的黑箱(具体作用机制),则应采用定性研究(朱天飚,2017)。因此,不考虑适用范围便将定量和定性方法加以融合的研究显然违背了实证主义的初心。

用历史的眼光来看,传统研究方法之所以占据主流,既呈现出研究者历来对于充分性的偏好,也呈现出先前阶段由于研究条件、研究数据等客观约束所导致的研究者的理性选择。诚然,路径依赖可以降低后来者的研发成本,但科学研究如若不进行自我扬弃,将止步不前。基于前文的分析,找到必要条件至少可以提升社会科学研究者完成两大任务的手段:其一是找到避免负面因素发生或推动期望结果发展所不可或缺的因素,这一因素无法通过增强其他因素来弥补;其二是找到组合式非唯一充分原因(INUS 条件)的必要部分。理论上众多亟待发现和验证的必要条件,以及实践中必要条件本身所蕴含的工具价值,都在呼吁研究人员勇于超越充分性的藩篱,引入更多有助于正确识别必要条件的工具和方法。

(三)学科反思:公共管理因果推论的独特诉求

规范主义和实证主义是社会科学研究的两种范式,而实证主义又可分为定量分析和定性分析两条具体进路。经过长时间的发展,实证主义已成为国际公共管理领域中占据主导地位的研究范式(刘玮辰、郭俊华、史冬波,2021)。后实证主义者 Gary King 认为,判断研究方法是否科学的主要标准就是进行推论。推论是所有科学研究的基本目的,而科学推论又可以分为描述性推论和因果推论(King, Keohane, and Verba,1994)。发现因果是社会科学理论研究的最高境界,无法进行因果推断的理论不能视为成熟完善的社会科学理论(于文轩、樊博,2020)。从理论上讲,因果推论理应在公共管理学的研究中占据中心位置(朱春奎,2018)。然而,现实的情况却是,不仅有大量的公共管理论文不涉及因果推论,即使是涉及因果推论的文章也缺乏科学性和有效性等必要的品质。有学者对《公共管理学报》创刊十五年来的定量文章进行了系统分析,就发现存在包括"轻率设定因果关系和控制变量"等 8 类问题(刘润泽等,2020)。既然因果推论在公共管理的实证研究中如此重要,有关因果推论的科学方法也不在少数,为何还会存在如此多的问题呢?

任何理论都有其适用性,公共管理学因果推断的方法选择也要考虑学科本身的特性。首先,公共管理学作为一门社会科学,自然科学研究中被视为因果推断"黄金法则"的实验室控制法,难以适用于公共管理的研究对象:不可控的人类社会和真实世界(于文轩、樊博,2020)。其次,由于问题导向的差异,区别于其他强势社会科学如经济学,公共管理学无须刻意模仿其量化的因果推断方法而进行自我矮化(宋程成,2020)。公共管理的问题导向要求研究者注重实质性问题而非随机性分布,即平均化的、非确定的概率因果推论并非研究人员尤其是公共政策研究者的最终诉求。再者,公共管理学还是一门案例科学,而案例研究与一般定量分析的差异并非是在量化方法的运用上,其关键是案例研究的展开逻辑本质上是"复制逻辑"而非"抽样逻辑"(Yin,2017;宋程成,2020)。这就是说,即使不排斥量化方法,但也不能照搬因果推断的模式。最后,随着数据时代的到来,公共管理学对于大数据的运用也不同于一般社会科学对于量的追求,而更注重其结构化特征(Gioia,Corley,and Hamilton,2013),即要避免一般化的因果推断,追求更精细化的治理决策。概言之,已有的基于可控的、平均的、抽样的、量化的因果推断模式无法满足公共管理学科的独特诉求,学界亟待建立和完善属于中国公共管理学科特色的因果推断方法论体系。这方面,已有学者进行了有益的探索(朱春奎,2018;王思琦,2018;代涛涛、陈志霞,2019;黄萃、吕立远,2020;刘玮辰等,2021),而从条件逻辑,尤其是必要条件的角度,引入有助于因果推断的相关方法还存在大量空间。

基于上述对于必要条件分析在因果哲学层面、实证研究层面和公共管理学科层面的考量,本文认为有必要在社会科学,尤其是公共管理领域,深入与必要条件分析相关的科研工作,用新的方法为必要条件分析打开道路,而NCA(Necessary Condition Analysis)恰好为此提供了绝佳的工具。

二、NCA 的逻辑与独特优势

(一)NCA 的创始与发展

NCA(Necessary Condition Analysis)首创于荷兰鹿特丹管理学院的杜尔(Jan Dul)教授。2016 年,他发表了"Identifying single necessary conditions with NCA and fsQCA"一文,介绍了组织决定因素(如事件、特征、资源、努力)

对预期结果(如良好绩效)做出必要但不充分贡献的逻辑和方法——必要条件分析(Dul,2016)。随后,杜尔教授将 NCA 分析运用在使用 fsQCA 识别单一必要条件的经验数据集的研究中,展示了 NCA 相较于 fsQCA 可以确定更多的必要条件,并且可以指定给定结果水平所需的条件水平(Dul,2016)。2016年 5 月,杜尔教授发布了 "Necessary Condition Analysis(NCA)with R (Version 2.0):A Quick Start Guide"作为 NCA 方法的操作指南。2018 年 8 月,杜尔教授对这份指南做出了一次更新。同年,以论文形式对在 R 中使用 NCA 作了演示(Breet,Van,and Dul,2018),并再次指出 NCA 相较于 fsQCA 在定量层次上判断条件必要程度的独特作用(Vis and Dul,2018)。2020 年,杜尔教授对此前尚未明确的 NCA 如何完成统计显著性检验做出了补充说明(Dul,Van,and Kuik,2020)。

据杜尔教授统计,自 2016 年 NCA 创始以来,截至 2021 年底,在 Web of Science 中检索应用 NCA 的出版物数量已增至 61 篇(Dul,2021)。使用 NCA 进行实证探究的领域话题十分宽泛,从关注新冠疫情期间驱动游客住宿购买偏好的决策属性,对旅游住宿业提供决策指引(Pappas and Glyptou,2021),到回答游客愉悦体验和享乐体验的诸要素和游客满意度和地方依恋程度的因果关系(Lee and Jeong,2021);从团队成员动机性文化智力与团队社会整合和绩效的关联(Richter et al.,2021),到每个气象因素(温度、湿度、风速、降水等)对华盛顿公共自行车系统使用的障碍(Kumar,2021)。可以认为,NCA 广泛应用于社会科学研究中的因果机制推断。

通常,NCA 方法的实证研究常常与其他研究方法组合形成混合方法。比如,通过模糊集定性比较分析(fsQCA,fuzzy-set Qualitative Comparative Analysis)考察因果机制,补充必要条件分析(NCA,Necessary Condition Analysis)评估所考察条件在必要性程度上的效应大小(Pappas and Glyptou,2021),或结合结构方程模型(SEM,Structural Equation Modeling)和必要条件分析(NCA),考察特定条件的充分性和必要性(Lee and Jeong,2021;Richter et al.,2021)。

2017 年,国内首次出现与 NCA 方法相关的文献。这篇文章详细介绍了必要条件分析的逻辑和技术方法,并依照必要条件分析方法完成了一次实例应用的展示(李辉,2017)。而在国内将 NCA 方法运用到科学研究的文献相对较少,处于方兴未艾阶段,目前仅有零散几篇文章发表,且发表时间集中于近两年。通过已发表的 NCA 文献可以发现,国内研究使用 NCA 方法也遵循了与其他研究方法相互补充形成混合研究方法的模式,比如将判断必要条件的 NCA 和判断充分条件的结构方程模型混合使用(池毛毛、王俊晶、王伟军,2021),或者将 NCA 和 QCA 混合使用(杜运周等,2020;肖德云等,2021;马晓瑞、畅红琴,2021;张铭等,2022)。

(二)NCA 的基本逻辑

NCA 的基本逻辑起点在于直角坐标系中的散点图(scatter plot)和天际线(ceiling line),如图 1 所示。X 轴代表潜在必要条件和决定因素的水平,Y 轴代表结果水平。如果坐标系左上角有空白区域(empty zone)的存在,则 X 是 Y 的必要条件(当 Y 不满足 $Y \leqslant f_{(x)}$ 的时候,Y 是不存在的,其中 $f_{(x)}$ 可以是任何函数,比如 $Y = aX + b$)。而天际线就是尽可能准确地、最大范围地画出空白区域和其他区域的分界线,当然,这样一条分界线不一定是连续光滑的,可能是分段的(见图 2)(Dul,2016)。由此,天际线有 CE-FDH 线和 CR-FDH 线两种,其中 CE-FDH 是分段天际线,在条件或结果离散时或边界附近的点不规则时使用,而 CR-FDH 在条件或结果是连续的或边界附近的点近似线性时使用(Dul,2020)。

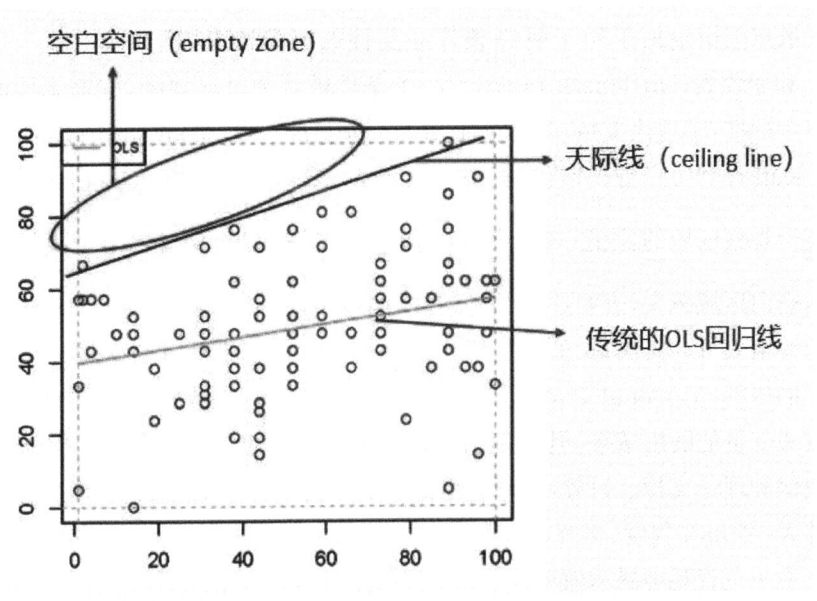

图 1 必要条件分析的逻辑示意图

资料来源:根据 Hogan(2007)修改

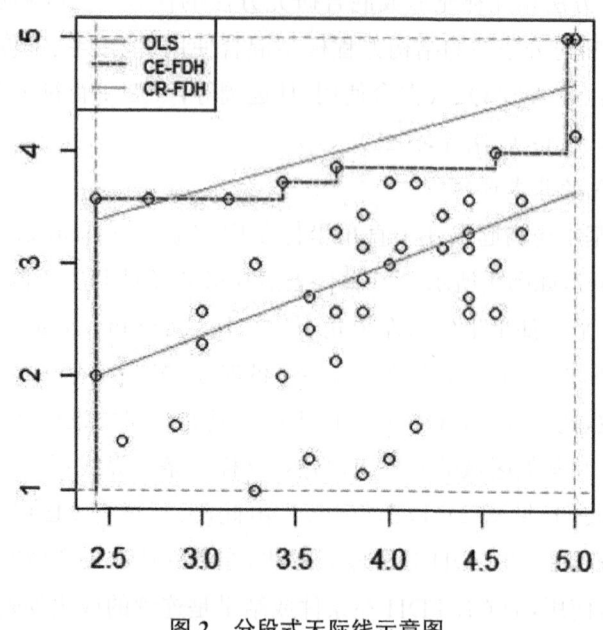

图 2　分段式天际线示意图

资料来源:根据 Van et al.(2016)修改

　　散点图衍生出了用于研判条件必要性的测量工具,比如效应值(effect size)和瓶颈表(bottleneck table)。一个条件被认为是必要的,它需要同时满足三个标准:①理论支持,②效应值 $d>0.1$,③ $p<0.05$(Dul,2016;Dul,Van, and Kuik,2020)。首先,效应值(effect size,也即 d 值)指的是空白区域相对于整个观察区域的比值($d=\dfrac{C}{S}$, C 指空白区域面积, S 指整个观察区域面积),空白区域越大,表明这个必要条件对结果的约束性越强,用来表征必要条件的约束效果。其次, p 值表示样本的效应大小等于或大于随机样本的效应大小的概率(Yan et al.,2022), p 值如果较大则表明右上角的空白空间可能是不相关变量的随机结果,但 p 值很小也并不意味着其是必要条件,还需要观测效应值和理论支持。另外,瓶颈表指的是要达到 $n\%$ 程度的结果 Y_i 所必需的条件 X_i 到 $m\%$ 程度(李辉,2017)。

　　为了更直观地展示效应值和瓶颈表的逻辑,我们借用阎波教授等学者发表于 *Public Administration* 的一项关于早期新冠高死亡率的必要条件的研究,通过其效应值和瓶颈表分析结果(见表 2 和表 3)来更好地呈现 NCA 的结果解读。NCA 效应值和 p 值结果如表 2 所示,根据必要性条件的识别标准

（即 effect size 大于 0.1 且 p 值小于 0.05），首次政策回应延迟、高度政治分权、高老龄人口占比以及高城市化率是早期新冠高死亡率的必要条件。

表 2　NCA 效应值

条件	早期新冠死亡率	
	Effect size	p-value
首次政策回应延迟（a delayed first response）	0.40	0.023
首次响应严格度（first-response stringency）	0.53	0.305
先前传染病经历（prior epidemic experience）	0.33	0.165
政治分权（political decentralization）	0.26	0.014
利己主义文化（individualistic culture）	0.23	0.096
老龄人口比例（elderly populations）	0.29	0.003
城市化率（urbanization）	0.46	＜0.001

资料来源：Yan et al.,2022

　　瓶颈值根据散点图中 X 对 Y 的对应关系计算而来，当某一程度的 Y 对应的 X 部分或全部处于天际线上的空白区域时，那么 X 对于实现这一程度的 Y 构成了一定程度上的必要性约束。从表 3 中看出，对于早期新冠死亡率，四种必要条件呈现出了不同的最低必要性水平。举例来说，当结果是每百万人死亡 100 人的新冠死亡率时，必须具备三个必要性条件：首次政策延迟不低于 20 天、不低于 0.02 水平的政治分权指数以及不低于 34.5% 的城市化率；当新冠死亡率增加到每百万人死亡 1 000 人时，所有四个条件都必须存在，其中首次政策回应延迟至少 22 天，政治分权指数至少为 0.39，老年人口比例至少有 10.7%，城市化至少 42.7%。如果其中任何一个条件没有达到最低必要性水平，那么同等条件下的结果无法实现。因此，这些必要性条件都为新冠死亡率的降低提供了实践完善路径，比如提高政策回应的速度以及在应急状态下的权力集中等（Yan et al.，2022）。

表3 瓶颈水平表

结果 Y 早期新冠死亡率	条件 X_1 首次政策回应延迟	条件 X_2 政治分权	条件 X_3 老龄人口占比	条件 X_4 城市化率
0	NN	NN	NN	NN
100	20	0.02	NN	34.5
300	21	0.10	2.5	42.7
500	21	0.19	4.8	42.7
700	21	0.27	7.2	42.7
1000	22	0.39	10.7	42.7
1100	22	0.43	11.9	42.7
1300	63	0.52	14.3	98.0
1500	63	0.60	16.6	98.0
1600	63	0.64	17.8	98.0

注:早期新冠死亡率的单位为百万分之,老龄人口占比和城市化率单位为%,NN代表非必要条件。

资料来源:Yan et al.,2022

(三)NCA 与 QCA、回归分析的比较

因果分析常用的三种范式,包括回归分析(Regression)、定性比较分析(QCA)和必要条件分析(NCA),各有其基础逻辑,这种基础逻辑相互之间是难以替代的(见表4)。在基于累加的回归分析中,单个因素对于结果来说是充分但不必要的,理论陈述为:X 可能对 Y 有影响;在基于 QCA 的组态分析中,单个因素的组合对于结果来说是充分但不必要的,理论陈述为:组态(X_1,X_2,X_3…)产生了 Y;在基于 NCA 的必要性分析中,单个因素对于结果来说是必要但不充分的,理论陈述为:没有 X 就没有 Y,Y 的存在离不开 X。

表4 因果分析的三种范式

	累加的	组态的	必要性
回归(Regression)	√	×	×
定性比较分析(QCA)	×	√	×
必要条件分析(NCA)	×	×	√

资料来源:https://www.erim.eur.nl/necessary-condition-analysis/videos/♯c51297

传统的相关性或多元回归的数据分析方法并不适用于呈现"必要但不充分"的理论陈述。原因在于,在多元回归分析中,因果关系是累加性质的,在数学表达中可以体现为 $Y=a+b_2X_2+b_2X_2+b_3X_3+\cdots$ 。举例而言,多元回归展示的逻辑是,在研究生入学考试中,要达到成功入学的结果,较低的公共课分数是可以通过较高的专业课分数来弥补的。但事实上是,在研究生入学考试中,如果公共课成绩没有及格,那么无论多么高的专业课成绩对于成功入学来说也是没有意义的。这样属于必要但不充分条件的数学表示,应该更近似于 $Y=X_1\times X_2\times X_3\times\cdots$,这也就是为什么传统的相关性或多元回归的数据分析方法并不适用于呈现"必要但不充分"的理论陈述(Dul,2016)。

此外,正如诸多将 fsQCA 和 NCA 结合运用的文献所指出的那样,fsQCA 可以识别必要关系,但其只是定性地陈述"一个条件对于一个结果是必要的还是不必要的",没有定量地体现必要程度。而 NCA 可以回答"一个条件在什么程度时才是一个结果的必要条件",特别是对于模糊集来说,因为其变化不仅仅是"是"或"否",还包括详细的隶属分数(杜运周、刘秋辰、程建青,2020)。因此,NCA 为必要条件分析开拓了一条更为精细化的路径。

三、公共管理研究中的应用现状与议题展望

(一)公共管理议题对必要性的回应

必要条件分析已经存在于当下的公共管理研究中,主要实现工具是近几年流行的定性比较分析(QCA)这一研究方法。本文以"定性比较分析"和"QCA"作为主题词(发表时间为 2021 年 12 月 31 日前),以 CSSCI 为期刊来源类别,通过研究问题和研究对象等识别使用定性比较分析方法的公共管理研究,最终提取出 96 篇使用定性比较分析的公共管理研究。通过统计这些文献是否采用单变量必要条件检测以及必要条件检测通过情况(见表 5)可以发现,92.7%的研究都进行了单变量必要性条件检测,但通过必要条件检测的研究仅有 45.8%,占比不及一半以上。可以认为,必要条件是导致结果发生的众多条件中的"关键少数",它不容易被发现,一旦发现却能在结果的产生发挥重要作用。另外,未进行必要条件检测的研究主要集中在 2017 至 2018 年,是定性比较分析研究方法在公共管理领域的早期应用,这些研究将重点放在了运用定性比较分析的组态路径方面,因而较少关注到这一方法中的单变量必要条件检测步骤。

表5　运用必要性条件检测的文献情况

	检测出必要条件	未检测出必要条件	未进行必要条件检测
数量(篇)	44	45	7
占比	45.8%	46.9%	7.3%

　　从必要条件检测在公共管理研究中的应用年份分布(见图3)可以看出,必要条件检测在公共管理研究中呈逐年递增趋势,尤其是近5年来,增速逐渐变快,这可能与定性比较分析在近几年走向流行化相关。

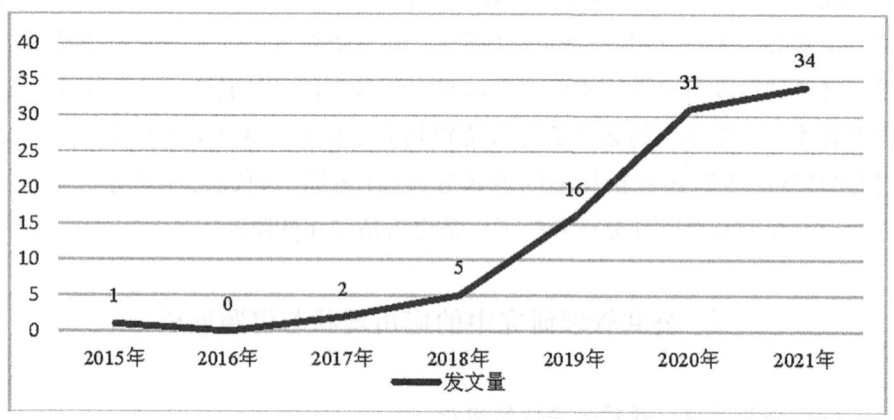

图3　运用必要条件检测的公共管理研究年份分布图

　　关于必要条件检测的公共管理研究主要集中在以下四方面:一是公共政策,主要关注政策议程设置、政策变迁和政策执行等方面的必要条件,比如研究认为网络媒体是环境抗争引发议程设置的必要条件(杨立华等,2021),国家相关政策的出台是市级政府数据开放政策变迁的必要条件(杜荷花、周环,2021),内部注意力资源供给不足是环保约谈政策执行偏差的必要条件(孙昕聪等,2020)。二是社会治理,既关注广域层面的社会治理,也关注基层面向的社区治理。比如,已有研究发现平台抓手是社会治理创新的必要条件(李利文、方勇,2017),也有研究发现党和政府领导能力、社区公众参与程度是城市社区治理创新的必要条件(张平等,2020),多元权力主体的存在是实现社区治理绩效的必要条件(单菲菲、高敏娟,2020)。三是数字政府,聚焦在政府数据开放、政务网站建设等方面。比如,研究发现积极的政策响应是解释数字政府高水平治理绩效的必要条件(王学军、陈友倩,2021),安全保障是政府数据开放准备度的必要条件(朱玲玲等,2021),强同侪竞争力是高水平政府网站绩效的必要条件(谭海波等,2019)。四是治理政府,政府也是治理的研究对象之一,探究腐败、问责和容错的关键条件成为治理政府的重要关注点。比如,已有研究发现事故发生性质、事故严重程度、领导批示与高度重视、问责职级、问责类型是问责程度的必要条件(许玉镇、刘滨,2020),错误严重程度是影响容错结果的必要条件(谷志军,2021),较高的人类发展指数取值是较为清廉这一结果出现的必要条件(徐国冲、郭轩宇,2021)。

从上述分析可以看出,学界已经关注到并展开了必要条件检测,但同时又给我们留下了进一步思考的空间。首先,这些被检测的必要条件是真的必要吗? 定性比较分析通过对原数据在 0 至 1 之间的转换,再通过一致性阈值的选择,再做出必要条件的判断,对于离散、二分和连续的数据类型是有比较严格的要求。同时,在选择一致性阈值时,大部分研究将一致性大于 0.9 作为必要条件的临界值,但也有研究将一致性大于 0.8 作为必要条件的临界值(孙昕聪等,2020),不同的临界值可以得出的必要条件分析结果存在不同。因此,这些已经被检测到的必要条件真的必要吗?

其次,这些已经被检测到的必要条件是 100% 的必要吗? 是否存在等级的必要或者说必要性是否存在程度上的差异? 已有的必要条件分析仅仅给出了是与否的回答,而没有从程度上或等级上做出回答,比如社会需求是政策扩散中"政策再创新"生成的必要条件,但社会需求在多大程度上必要呢? 多大级别的社会需求是"政策再创新"生成所必需的? 因此,提出这些被检测到的必要条件是 100% 必要吗?

最后,这些必要条件通过理论预设了吗? 能够为实践提供哪些建议参考? 一些已经被发现的必要条件,我们无法为实践提供任何建议参考,比如较高的人类发展指数是清廉的必要条件,我们无法对这一必要条件做出调整和改革。产生这一现象的原因在于我们再进行因果推断的时候,没有充分进行因果理论推演和预设,如果缺少这一步或不充分重视这一环节,这将会使结果失去分析意义。如果我们寻找的必要条件没有经过理论逻辑推演和预设,将无法支撑公共管理理论发展,无法推进公共管理实践走向优化,那么必要条件分析将会失去这一方法在方法论逻辑上的相对优势,同时与双因素相关性分析将会别无二致。

如何回答以上三个问题是我们需要思考的,而 NCA 为这些问题的回答提供了一条可能性的路径。首先,NCA 对于离散型、二分型和连续型数据都具有包容性,不需要做出数据校准,能够最大限度实现基于原始数据的分析。其次,NCA 可得出必要条件效应和瓶颈程度。NCA 使用可变分数和线性代数来允许做出必要性的程度陈述("X 的 A 级是 Y 的 B 级所必需的")。最后,NCA 重视必要条件分析的理论预设,抓住必要性理论的核心逻辑:不存在 X 保证不存在 Y,其他因素无法弥补 X 的缺失。

(二)NCA 在公共管理研究中的缺失与原因

纵观已有运用 NCA 的研究可以发现,公共管理研究领域对其运用是缺失的,关于 NCA 的运用更多地集中在工商管理研究中。公共管理研究领域对NCA 的运用缺失主要有以下两个方面。

一方面,公共管理研究问题的复杂性与 NCA 的谨慎运用。公共管理某一个问题的出现或解决难以证明由单一条件所决定,或某几个条件所能决定的,其是复杂因素作用下的结果。因此,NCA 的方法逻辑与公共管理研究问题的复杂性存在着张力。与 QCA 相似,NCA 的条件变量选取需要控制在一定数量范围内,这将有助于数据的运算。但实际上,条件变量的数量限制与复杂性的公共管理问题形成一定程度的冲突。而这一冲突的缓解在于理论分析框架的有效搭建,这可以使研究结论的信效度和说服力得到提升。因此,从理论中寻找公共管理议题的关键因果机制,运用 NCA 来证实,是方法运用的进路。

另一方面,NCA 是一个相对新兴的研究方法,同时其对研究的数据要求比较高。作为一个创立至今不超过十年的研究方法,其尚处于萌芽和发展阶段,被运用的研究范围仍然处于拓展期。同时,通过 NCA 方法得出的是一个条件对结果是"是否必要"以及必要性程度的结论,而实际上研究结论,尤其是必要性程度的量化,很大程度上取决于研究所运用的数据。那么,NCA 的研究结论是否会随着数据的更替而呈现出差异性的研究结论? 因此,NCA 对于研究数据的要求比较高,数据的典型性、整体性、代表性、科学性等都是 NCA运用时数据收集需要考量的维度。

(三)公共管理必要条件分析可能的议题方向

面向实践,通过必要条件分析可以从政治话语体系中识别广域中的要素有效性,能够更好地凝聚共识。面向理论,在公共管理研究中引入必要条件分析有利于提取具有重要地位的关键少数,以期更好地寻找政策过程的核心逻辑。NCA 为公共管理研究的必要条件分析提供了一种新的空间,也为未来的公共管理研究及其方法选用提供了展望,主要体现在以下三个方面。

一是 NCA 在公共管理研究议题运用的展望。本文认为,未来的公共管理研究可以重点关注以下三个方面的必要条件识别及其必要性程度探析:一是面向治理的有效性问题,基于环境治理、城市治理、基层治理等不同治理领域探索决定的效能的关键要素,进而通过在领导人注意力分配、资源配置等实践方案实现政府治理有效性的提升。二是面向政府或政策的能力问题,如何提升政府治理能力已经成为公共管理理论与实践的重要研究议题,政府能力并非单因素能够实现,但其中一定有关键条件在发挥着重要作用,因此要重点识别其中的关键因素。三是面向失灵或失序的组织问题,通过必要条件分析可以检测出当前公共组织或非营利组织产生失序问题的关键条件,从而实现必要的组织变革。

二是 NCA 与其他探究方法混合运用的展望。通过分析,本文认为必要条件分析是公共管理研究中因果机制推断的重要组成部分。但同时,本文并非否认充分性逻辑和组态逻辑的重要性,而是将必要性逻辑作为已有因果机制推断方法的重要补充逻辑,将 NCA 作为研究方法的重要补充工具,这三者之间不存在孰轻孰重的关系。因此,将 NCA 与定性比较分析、结构方程模型、回归分析等研究方法进行混合使用,可以为公共管理议题中研究目标的实现提供更完备的工具支撑以及更全面的研究发现。

三是 NCA 的方法适用性及比较分析的展望。以 NCA 为代表必要条件分析检验为因果机制推断提供了一种更全面的因果探索视角,但 NCA 的创造与应用不足十年,仍然处于方法的发展与探索期。NCA 适用于探索具有哪些数据特征的公共管理研究、适用于探索哪些公共管理研究问题等问题都需要做出进一步的研究与探索。同时,有待理清的是,与已有的研究方法相比,NCA 在因果机制探寻方面具有哪些优势或哪些劣势。因此,掌握 NCA 的适用性,理清它的优势与劣势,能够更好地发挥 NCA 在公共管理研究中的作用,更有针对性地释放 NCA 在公共管理领域中的光芒。

参考文献

池毛毛,王俊晶,王伟军,2022.数字化转型背景下企业创新绩效的影响机制研究——基于 NCA 与 SEM 的混合方法[J].科学学研究,40(02):319-331.

代涛涛,陈志霞,2019.行为公共管理研究中的实验方法:类型与应用[J].公共行政评论(06):166-185,203.

单菲菲,高敏娟,2020.社区治理绩效的内涵、框架与实现路径——基于 20 个案例的模糊集定性比较分析[J].上海行政学院学报,21(05):100-111.

杜荷花,周环,2022.我国市级政府数据开放政策变迁动因与路径研究——基于贵阳市清晰集定性比较分析[J/OL].图书馆建设:1-19[2022-02-11]. http://kns.cnki.net/kcms/detail/23.1331.G2.20211222.1810.002. html.

杜运周,刘秋辰,程建青,2020.什么样的营商环境生态产生城市高创业活跃度?——基于制度组态的分析[J].管理世界,36(09):141-155.

谷志军,2021.容错机制何以启动?——基于 30 个案例的定性比较分析[J].经济社会体制比较(03):109-118.

顾建光,2006.公共政策工具研究的意义、基础与层面[J].公共管理学报(04):58-61,110.

黄萃,吕立远,2020.文本分析方法在公共管理与公共政策研究中的应用[J].公共管理评论(04):156-175.

李辉,2017.必要条件分析方法的介绍与应用:一个研究实例[J].中国人力资源开发(06):64-74.

李利文,方勇,2017.内生性资源、叠加式外推与社会治理创新强度——对 91 个典型案例的模糊集定性比较分析[J].上海交通大学学报(哲学社会科学版),25(04):32-44.

刘润泽,巩宜萱,2020.回顾与反思:定量研究在公共管理学科的滥用[J].公共管理学报,17(01):152-158,176.

刘玮辰,郭俊华,史冬波,2021.如何科学评估公共政策?——政策评估中的反事实框架及匹配方法的应用[J].公共行政评论(01):46-73+219.

马亮,2017.实证公共管理研究日趋量化:因应与调适[J].学海(05):194-201.

马晓瑞,畅红琴,2021.营商环境与数字经济发展的定性比较分析[J].管理现代化,41(04):51-54.

冉奎,万小龙,2021.因果关系:INUS 理论与反事实条件句分析的关系探究[J].世界哲学(04):152-159.

宋程成,2020.超越公共行政案例研究中的"定量范式"——与于文轩教授商榷[J].中国行政管理(08):94-99.

孙昕聪,黄靖,魏姝,2020.环保约谈机制对政策执行效果的影响——基于 40

个地级市空气治理案例的比较分析[J].城市问题(11):68-81.

谭海波,范梓腾,杜运周,2019.技术管理能力、注意力分配与地方政府网站建设———一项基于 TOE 框架的组态分析[J].管理世界,35(09):81-94.

王思琦,2018.公共管理与政策研究中的实地实验:因果推断与影响评估的视角[J].公共行政评论(01):87-107,221.

王文方,2017.条件句专栏:编者导语[J].逻辑学研究,10(01):1-4.

王学军,陈友倩,2021.数字政府治理绩效生成路径:公共价值视角下的定性比较分析[J].电子政务(08):53-66.

王印红,2015.论公共管理研究中定量分析方法的地位[J].山东社会科学(03):172-176.

王印红,王刚,2013.对公共管理研究方法中定量推崇的批判[J].重庆大学学报(社会科学版),19(01):64-71.

徐国冲,郭轩宇,2021.腐败的影响机制与作用方式———基于 36 个亚洲国家和地区的模糊集定性比较分析(fsQCA)[J].东北大学学报(社会科学版),23(06):56-64.

许玉镇,刘滨,2020.权责结构与领导批示:官员问责的政治逻辑分析———基于 2005 年以来我国安全生产事故官员问责的混合研究[J].吉林大学社会科学学报,60(02):145-158,222-223.

杨立华,李志刚,朱利平,2021.环境抗争引发政策议程设置:组合路径、模式归纳与耦合机制———基于 36 起案例的模糊集定性比较分析[J].南京社会科学(06):86-96.

于文轩,樊博,2020.公共管理学科的定量研究被滥用了吗?———与刘润泽、巩宜萱一文商榷[J].公共管理学报,17(01):159-166,176.

张华夏,1992.因果性究竟是什么?[J].中山大学学报(社会科学版)(01):46-54.

张铭,田慧敏,曾娜,2022.企业家资本对新创企业绩效的影响———基于模糊集定性比较分析与必要条件分析方法[J].中国流通经济,36(02):107-119.

张平,吴子靖,侯德媛,2020.中国城市社区治理创新:动力因素与类型阐释———基于 42 个实验区案例的模糊集定性比较分析[J].社会主义研究(02):81-89.

章奇,2008.社会科学中的因果关系及其分析方法[J].浙江社会科学(03):

2-12，125.

周绍东，2021. 中国共产党经济政策话语的百年变迁和创新成果[J]. 中国高校社会科学(04)：26-34，157.

朱春奎，2018. 专栏导语：公共管理研究需要强化因果推理与实地实验[J]. 公共行政评论(01)，83-86.

朱玲玲，茆意宏，朱永凤，马坤坤，2021. 政府数据开放准备度关键影响因素识别——以省级地方政府为例[J]. 图书情报工作，65(03)：75-83.

朱天飚，2017. 定性研究：从实证到解析[J]. 公共管理评论(03)：5-14.

ABBOTT B，1974. Some problems in giving an adequate model-theoretic account of cause[J]. Berkeley Studies in Syntax and Semantics，1：1-14.

BREET S，VAN RHEE H，DUL J，2018. Necessary Condition Analysis (NCA) in three steps：a demonstration[J]. Appendix to Dul，van der Laan，& Kuik (2019) in Organizational Research Methods.

DUL J，2016. Identifying single necessary conditions with NCA and fsQCA [J]. Journal of Business Research，69(4)：1516-1523.

DUL J，2016. Necessary condition analysis (NCA) logic and methodology of "necessary but not sufficient" causality[J]. Organizational Research Methods，19(1)：10-52.

DUL J，HAK T，GOERTZ G，et al.，2010. Necessary condition hypotheses in operations management [J]. International Journal of Operations & Production Management，30(11)，1170-1190.

DUL J，VAN DER LAAN E，KUIK R，2020. A statistical significance test for necessary condition analysis[J]. Organizational Research Methods，23 (2)：385-395.

DUL J，2021. Advances in necessary condition analysis[J]. Version 0.1：Online book Retrieved from https：//bookdown. org/ncabook/advanced_nca2.

EISENHARDT K M，GRAEBNER M E，2007. Theory building from cases：opportunities and challenges [J]. Academy of Management Journal，50(1)：25-32.

GALTON F，1886. Regression towards mediocrity in hereditary stature[J]. The Journal of the Anthropological Institute of Great Britain and Ireland，15：246.

GIOIA D A，CORLEY K G，HAMILTON A L，2013. Seeking qualitative rigor in inductive research：notes on the Gioia Methodology［J］. Organizational Research Methods：16(1).

GOERTZ G，2003. The substantive importance of necessary condition hypotheses［J］. Necessary Conditions：Theory，Methodology，and Applications，65 – 94.

GOERTZ G，MAHONEY J，2012. A tale of two cultures：qualitative and quantitative research in the social sciences［M］. Princeton University Press：9.

GRALEWSKI J，KARWOWSKI M，2012. Creativity and school grades：a case from Poland[J]. Thinking Skills and Creativity，7(3)：198 – 208.

HEMPEL C G，1955. Aspects of scientific explanation[M]. New York：Free Press：349.

HOSPERS J，1989. An introduction to philosophical analysis[M]. 2nd Ed. London：308.

HUME D，1777. An enquiry concerning human understanding［M］. London：Pearson.

JAUK E，BENEDEK M，DUNST B，et al.，2013. The relationship between intelligence and creativity：new support for the threshold hypothesis by means of empirical breakpoint detection[J]. Intelligence，41(4)：212 – 221.

KARWOWSKI M，GRALEWSKI J，2013. Threshold hypothesis：fact or artifact? ［J］. Thinking Skills and Creativity，8：25 – 33.

KING G，KEOHANE R O，VERBA S，1994. Designing social inquiry：scientific inference in qualitative research[M]. New Jersey：Princeton university press.

KUMAR D，2021. Meteorological barriers to bike rental demands：a case of Washington DC using NCA approach[J]. Case Studies on Transport Policy，2021，9(2)：830 – 841.

LEE W，JEONG C，2021. Distinctive roles of tourist eudaimonic and hedonic experiences on satisfaction and place attachment：combined use of SEM and necessary condition analysis[J]. Journal of Hospitality and

Tourism Management, 47: 58 - 71.

LEWIS D, 1973. Causation[M]. The Journal of Philosophy, 70(17): 556 - 567.

MACKIE J L, 1965. Causes and conditions[J]. American Philosophical Quarterly, 2(4): 245 - 264.

MANDEL D R, LEHMAN D R, 1998. Integration of contingency information in judgments of cause, covariation, and probability[J]. Journal of Experimental Psychology: General, 127(3): 269 - 285.

MILL J S, 1869. A system of logic, ratiocinative and inductive: being a connected view of the princilples of evidence and the methods of scientific investigation[M]. Harper and brothers.

MOURGUES C V, TAN M, HEIN S, et al., 2016. The relationship between analytical and creative cognitive skills from middle childhood to adolescence: testing the threshold theory in the Kingdom of Saudi Arabia [J]. Learning and Individual Differences, 52: 137 - 147.

NEAGEL E, HAWKINS D, 1961. The structure of science[J]. American Journal of Physics, 29(10): 716 - 716.

PAPPAS N, GLYPTOU K, 2021. Accommodation decision-making during the COVID-19 pandemic: complexity insights from Greece [J]. International Journal of Hospitality Management, 93: 102767.

PIZZI C, 1993. Causality and the transitivity of counterfactuals[J]. O que nos faz pensar, 5(07): 89 - 103.

POPPER K R, 1972. Objective knowledge[M]. Oxford: Oxford University Press: 91.

RICHTER N F, MARTIN J, HANSEN S V, et al., 2021. Motivational configurations of cultural intelligence, social integration, and performance in global virtual teams[J]. Journal of Business Research, 129: 351 - 367.

RUNCO M A, ALBERT R S, 1986. The threshold theory regarding creativity and intelligence: an empirical test with gifted and nongifted children[J]. Creative Child and Adult Quarterly, 11(4):212 - 218.

SCHNEIDER C Q, WAGEMANN C, 2010. Standards of good practice in

Qualitative Comparative Analysis （QCA） and Fuzzy-Sets ［J］. Comparative Sociology，9(3)：397 - 418.

TAYLOR R，1963. Metaphysics［M］.Action and Purpose：99.

VAN der VALK W，SUMO R，DUL J，et al. 2016. When are contracts and trust necessary for innovation in buyer-supplier relationships? A necessary condition analysis［J］. Journal of Purchasing and Supply Management，22(4)：266 - 277.

VIS B，DUL J，2018. Analyzing relationships of necessity not just in kind but also in degree：complementing fsQCA with NCA［J］. Sociological methods & research，47(4)：872 - 899.

VON WRIGHT G H，1973. On the logic and epistemology of the causal relation［J］. In Studies in Logic and the Foundations of Mathematics ,74：293 - 312.

WASSERMAN E A，DORNER W W，KAO S F，1990. Contributions of specific cell information to judgments of interevent contingency［J］. Journal of Experimental Psychology：Learning，Memory，and Cognition，16(3)：509.

YAN B，LIU Y，CHEN B，et al，2022. What matters the most in curbing early COVID-19 mortality? A cross-country necessary condition analysis ［J］. Public administration，10.1111/padm.12873.

YIN ROBERT K，2017. Case study research and applications：design and method(6th Edition)［M］. Thousand Oaks，CA：Sage Publications.

Beyond Sufficiency Logic：the NCA Approach and
Its Implications for Public Management Issues

Suo Liming　Gao Guanghan　Huang Yuxun　Li Jun

Abstract：Development and innovation in every field are filled with claims of necessity，importance and importance. Finding the necessary conditions to achieve a certain result plays an important role in the realization of organizational goals，but the current research methods still lack effective，complete and scientific support for the response and solution of appeals. This paper first analyzes the necessity of the analysis of necessary conditions, discusses the causal misjudgment of the conditional logic of social sciences through philosophical tracing, holds that the positivism research approach has the academic dilemma of cognitive bias, and points out the unique appeal of the causal inference of public administration through the discipline reflection. Secondly, it introduces the founding and development of NCA (necessity condition analysis) method, introduces the basic implementation logic of this research tool for necessity condition analysis, and compares it with QCA and regression analysis. Finally, the paper discusses the application status and response of necessary condition analysis in public management research issues, and then puts forward research prospects from three aspects: the application of NCA in public management research issues, the mixed application of NCA and other inquiry methods, and the applicability of NCA methods and comparative analysis.

Key words: NCA; necessary condition analysis; public administration

欠发达地区数字应急影响因素*

——基于云南省 D 州的扎根理论研究

邓　崧　杨　迪　巴松竹玛**

摘　要：应急管理体系建设是国家治理体系与治理能力建设的组成部分,在地区发展中发挥着重要作用。数字应急体系的具体建设,与地区发达程度联系紧密,呈现出异质性。对欠发达地区数字应急影响因素的研究,有助于缩小地区间数字应急体系建设差距,助力"共同富裕"的实现。以扎根理论为研究方法,通过对云南省 D 州的实地调研数据以及相关政策文本进行编码分析。主要得出以下结论:第一,构建了"态度—情境—行为"的欠发达地区数字应急影响机理模型;第二,主体认知、内外情境和过程控制分别是影响欠发达地区数字应急的内驱因素、外驱因素与直接因素;第三,对于主体认知、内外情境与过程控制中包含的次级影响因子进行了分析。本文的研究建立了新的数字应急影响机理模型,也为进一步高效推进欠发达地区数字应急体系建设提供了着力点。

关键词：欠发达地区;影响因素;数字应急;云南省;扎根理论

---

* 基金项目:国家社科基金重点项目"新时代数字强边研究:基础理论、战略逻辑、模型构建与管理实践"(22FGLA001);云南省科技创新团队,"云南省高校大数据下的云南公共管理发展研究科技创新团队"(2019—);云南大学哲学社会科学创新团队:数字政府及其在边疆治理现代化中的实践,2021.12—2026.11。

** 邓崧(1974—),男,通讯作者,管理学博士,云南大学政府管理学院教授、博导,研究方向为数字治理、公共管理方法,E-mail:dengsong@126.com;杨迪(1996—),男,管理学硕士,研究方向为数字政府,E-mail:yangdi@mail.ynu.edu.cn;巴松竹玛(1995—),女,管理学硕士,研究方向为数字治理,E-mail:18482259956@163.com。

一、问题的提出

以大数据为核心的数字技术迅猛发展,将信息技术革命推向高地,预示着数字时代已经到来。数字技术的发展不仅回应了国家治理体系和治理能力现代化的战略要求,同时也推动我国向以数字社会、数字经济、数字政府为核心的数字化转型方向迈进,深刻影响着社会公众的生活理念和行为方式(邓崧、杨迪、李鹏丽,2022)。

数字技术的快速发展与创新运用为地方政府应急管理体系与应急管理能力现代化提供了新的治理思路(邓崧、刘昀煜,2022)。而以新冠疫情为主要代表的公共卫生危机管理,则是地方政府近年来应急管理体系建设的重点。随着治理环境的日益复杂化以及各国命运共同体理念的形成,公共卫生危机已自区域性片区传播转向跨时空、跨地域的全球风险传播,风险社会、信息社会和转型社会的叠加交汇对政府公共卫生危机治理能力提出了更高的要求(Fotovatikhah et al.,2018),而作为与公众联系最紧密的政策执行者,地方政府往往成为落实本地危机治理具体措施的主要力量(Tom Christen,Per Laegreid,and Lise H Rykkia,2016)。地方政府公共危机数字治理能力是衡量地方政府运用数字技术提升公共危机治理效能的重要指标,其建设情况会直接影响到地区发展情况。但由于地理位置、民族文化、经济发展水平等因素限制,欠发达地区硬件方面的数字基础设施与软件方面的社会数字文化均处于较低水平,欠发达地区应急管理体系数字化建设完备程度也较低。在遭遇相同公共危机事件时,欠发达地区受到的影响更大,恢复更加困难,造成与发达地区发展差距进一步拉大。因此,欠发达地区的数字应急影响因素研究有助于提升其数字应急建设水平,缩小与发达地区数字应急建设差距,进一步的,缩小地区发展差距。

那么,哪些因素会对欠发达地区应急管理体系的数字化建设产生影响?各类因素又在其中发挥了何种作用?

二、文献综述

当前,新一轮信息技术的发展促使公共卫生危机治理逐渐信息化、数字化及智能化,学界对公共卫生危机数字治理能力的研究主要集中于公共卫生危机数字治理场景应用、数字治理成效影响因素、数字治理能力提升逻辑三个视角。

首先是危机数字治理的场景应用。重大传染性疫情所引发的公共卫生危机对我国政府的危机治理能力提出了新的要求,在治理现代化、信息智能化相交汇的新时期,数字技术与公共卫生危机治理深度融合的"数字治理"模式将成为信息时代防范化解重大突发公共卫生事件的重要抓手(Kapucu and Garayev,2013)。部分研究从治理场域方面,讨论数字化技术在公共卫生事件中的作用与不足,并对某一具体数字化创新扩散进行了细致的案例分析(胡勇,2020;秦燕、李卓,2020;王博、白俊芳,2021)。另一部分则以技术手段作为研究主要对象,提出采用云计算、区块链等手段打造新的公共卫生危机数字治理体系(赵序矛、李欣海、聂长虹,2020;陈新华等,2020)。最后,还有一部分学者从应用场景出发,依托数字中国、智慧城市、数字乡村等战略布局,提出将数字技术应用深入拓展至社会各领域,涵盖日常疫情监测、全域复工复产、实时信息沟通(薛小荣,2020;陈雅赛,2020)。

其次是危机数字治理成效的影响因素。对数字抗疫成效的影响因素分析,已有研究多采用扎根理论、个案与多案例、模糊集定性比较分析等研究方法来归纳影响重大疫情数字治理成效的因素集。有研究聚焦杭州市抗疫实践,通过对杭州市健康码治理的分析,透过健康码"小切口"考察疫情中的数字治理(张园园、石健,2022)。扎根理论在应急管理中的应用比较成熟,应用范围涵盖突发事件协同治理能力的影响因素研究、突发公共卫生事件中的风险沟通研究以及公共危机事件中的政治动员运行机制研究等内容,如桂天晗对世界卫生组织的研究报告、政策文件和期刊论文等资料进行扎根分析,构建了突发公共卫生事件的风险沟通模型,认为促进信息共享在公共卫生危机治理中十分重要(桂天晗、钟玮,2021)。

最后是数字治理能力的提升方面。有关数字治理能力的现有研究较少,已有研究多从经验、理论、方法等角度论述数字技术对政府治理效果的影响,然而,有学者认为当前有关数字治理能力的研究多将重心放在数字技术本身,缺少对治理效果因素的探讨和数字治理能力形成逻辑的深入研究。公共危机数字治理能力是技术发展赋予政府治理新要求的具体表现,王谦认为不同的社会形态下,社会管理呈现出一定的差异性,应对大规模的传染病,农业社会中的人们常局限于自然法则,采取愚昧的文化仪式来消灾除病;工业社会高度发展的生产力,为疫情应对提供了基础的卫生、医疗、组织等物质保障;信息社会中,大数据、AI、云计算等新一代技术广泛应用于公共卫生危机全过程。新型数字化驱动是传统科层制统合在公共卫生危机情境下的进一步拓展,推动了危机治理数字共同体的成长,形塑了数字文明新秩序(王谦,2020)。

总体来讲,数字治理视域下关于地方政府公共卫生危机数字治理能力的已有研究主要有以下几个特点:研究公共危机、数字治理文献占多数,研究地方政府数字应急能力有关研究较少;研究发达地区城市数字应急的文献多,研究欠发达地区数字应急的文献少;以政策文件、研究报告、案例文本等线上数据为主要资料进行扎根分析的文献多,而以实地调研所获得的一手资料为主要数据对政府公共卫生危机治理进行扎根探索性研究的文献较少。

因此,本文以新冠肺炎疫情防控为切入点,聚焦欠发达地区地方政府公共卫生危机数字治理影响因素研究,通过对云南省 D 州的数字抗疫实践进行实地调研,对当地部分政府工作人员、企事业单位工作人员及公众进行深度访谈,以获取研究所需要的一手资料,同时搜集国家卫生健康委员会、云南省卫生健康委员会、D 州政府有关部门在新冠疫情期间发布的相关政策文件作为三角资料。在一定的数据资料支撑下,运用扎根理论研究方法对所收集到的资料进行程序化扎根编码,构建 D 州政府公共卫生危机数字治理的影响机理模型,并对该模型的各组成要素及要素间的相互关系进行分析。

三、研究设计

(一)研究方法

本文选用扎根理论作为主要研究方法。目前,扎根理论在公共管理研究中的应用渐次变多,王璐、高鹏总结了两大扎根理论适用情景,分别为"纵向理论构建"和"横向理论构建",其中,前者主要依据时间顺序对过往事件进行分析,在展现事件本身的发展过程基础上进一步探究相关事件因果关系;后者更倾向于发展一个新概念或者对已提出但较为陌生的概念进行进一步的诠释,以此拓展某一新理论或者已有理论的内涵和外延(王璐、高鹏,2010)。贾哲敏结合公共管理学科特点,指出扎根理论方法适用于因素识别类问题、解读过程类问题、分析不易掌握的问题以及对新生事物进行探索性研究四大研究领域(贾哲敏,2015)。

从研究领域和研究主题上来看,由于扎根理论强调各概念、范畴之间的连贯性和相关性,故有助于分析各影响因素之间的联系,使研究者较为全面、系统地掌握 D 州政府公共卫生危机数字治理实践,并探索提升 D 州政府公共卫生危机数字治理的路径。

(二)样本选取

扎根理论的数据来源具有多样化的特点,包括民族志、深度访谈以及政策文本等多种内容,但其本质仍是实地调研数据。文章所指的欠发达地区,指人均 GDP 低于全国平均水平的省份(高琳,2012)。基于此,以云南省 D 州为例,通过对 D 州的新冠疫情防控工作进行分析研究,采取实地观察和半结构化访谈获取研究所需要的研究数据。

D 州作为地方政府公共卫生危机数字治理的研究场域,在新冠疫情防控工作方面具有较为突出的典型性与研究价值:首先,D 州自新冠疫情暴发至2022 年 10 月,尚未出现任何确诊病例,因此,D 州的新冠疫情防控工作与其他处于同一行政梯度的州市级地区相比,具有一定的典型性。其次,在内外部因素共同作用下,我国各地区的数字治理进程呈现一定的差异性,数字政府建设先行区各地方政府处于数字治理链条前端,然而,各地数字治理水平在很大程度上依赖自上而下的行政压力,在新冠肺炎疫情的全球性传播下,整体经济发展水平较低的 D 州等地区也已进入公共卫生危机数字治理阶段。最后,在研究前期,通过设置调查问卷来收集 D 州各群体对数字技术在新冠疫情防控工作中的作用感知,其中 85% 的人员认为数字技术在新冠肺炎疫情防控工作中发挥了显著作用。

为了使研究结果更具普遍适用性,最终涉及的访谈人员属地涵盖 D 州下辖的三个县级行政区域。围绕 D 州政府公共卫生危机数字治理影响因素这一主题,选取 D 州 27 位访谈对象进行一对一深度访谈,其中包括政府工作人员、事业单位工作人员、企业职工、村委会成员、村小组负责人以及当地居民,访谈对象的具体构成见表 1。

表 1　访谈对象基本构成一览

身份	人数	占比
政府工作人员	9	33.3%
事业单位工作人员	7	26.0%
企业职工	4	14.8%
村委会成员及村小组负责人	3	11.1%
当地居民	4	14.8%

(三)资料来源

根据"三角测量"要求,将所需要的研究资料划分为主资料和三角资料两部分,其中,主资料包括实地观察和深度访谈获得的一手资料。另外,为弥补一手资料收集过程中可能出现的主观性、片面性等弊端,收集国家卫生健康委员会、云南省卫生健康委员会和 D 州人民政府关于新冠疫情防控工作的政策文件作为三角资料,以保证研究数据的丰富性和全面性。资料收集的具体内容如下:

第一,实地观察和深度访谈数据。在确定访谈对象过程中,由于数字治理强调多元主体共治,因此访谈对象涉及 D 州政府工作人员、企事业单位职工、村委会、村民小组负责人及普通公众等群体。根据访谈对象的不同,本研究设置了三类访谈提纲,分别面向政府工作人员、企事业单位职工及一般公众,由于村主任、各村小组长等村、组一级负责人不具有行政编制,故将其归为第三类访谈人员。本研究的访谈形式主要采取半结构化访谈,即先根据访谈提纲对研究者进行访谈,但在实际开展过程中采取开放式问答,同时,考虑到访谈对象各自的特点,对部分访谈对象采用民族语进行访谈。最后,通过对访谈对象进行一对一深度访谈,本研究最终整理获得 27 份访谈文本。

第二,政策文件类文本数据。本类资料主要通过线上渠道进行收集。关于新冠疫情防控工作的政策类文件,主要是对 2020 年到 2022 年国家卫生健康委员会、云南省卫生健康委员会及 D 州人民政府网站有关疫情防控工作的政策文件进行收集,另外,在访谈过程中,访谈对象也会根据当地实际工作提供部分公开的工作报告。经过筛选,本研究最终共收集 13 份文件资料作为补充数据,以进一步丰富扎根分析所需要的原始数据。

(四)研究过程

数据处理阶段的工作主要借助 Nvivo 12 软件予以实现,主要采取程序化扎根理论编码方法,即依次对收集到的数据进行开放式编码、主轴编码及选择性编码。涵盖的访谈对象多元,一方面是为了从不同主体角度获得 D 州政府新冠疫情防控工作的效果反馈,另一方面则是考察各主体对新冠疫情防控工作中的数字技术运用态度和看法。尽管 Nvivo 12 软件支持音频导入,但由于在和访谈对象进行一对一访谈时,有些访谈是在本地方言语境下进行的,甚至少部分访谈是通过当地民族语进行交流,所以在访谈结束后,本研究主要是通过对访谈录音进行整理的形式,将访谈内容——整理成文档,之后再将文档——导入 Nvivo 12 软件中进行数据处理和分析。按照理论饱和度原则,本研究从 40 份总资料中随机抽取了 9 个访谈文本和 5 个政策文本,即总文本数量的三分之一作为最终的理论饱和度检验材料。

四、范畴提炼与模型构建

(一)开放式编码与初始范畴

开放式编码是运用扎根理论进行范畴提炼的第一步,它是对原始数据进行逐字逐句分析的过程,该阶段包含两个重要的环节,即对原始材料的概念化和初始范畴提炼。将 18 个访谈材料和 8 份政策文本依次导入 Nvivo 12 软件中,按照编码原则,对原始资料进行逐字分析,并剔除重复、合并同类,最终得到有效概念 165 个,初始范畴 34 个。由于篇幅限制,仅展示部分初始范畴,具体如表 2。

表 2 开放性编码部分结果

初始范畴	概念	原始性代表语句
A001 参与度感知	A01 - 8 政府参与度	A02 - 3 从 2020 年初疫情全面暴发开始,就是以政府防控为主体的在进行疫情防控工作,包括协调多部门开展防控工作,说到疫情防控的四方责任,政府也是第一位 C01 - 8 疫情防控的各方面工作还是政府在部署 B06 - 5 政府在新冠疫情防控中起了重要作用
	A05 - 5 公民参与度	A05 - 4 全民抗疫是现在取得较好成效的原因之一 A06 - 7 提升公共危机治理能力,需要群众的积极参与
	A05 - 7 社会组织参与度	A05 - 10 此外还有像红十字会等其他组织 B04 - 6 这次疫情我觉得社会组织发挥了很多作用

(续表)

初始范畴	概念	原始性代表语句
A001 参与度感知	B01-3 企事业单位参与度	B01-11 企业的话其作用表现在各种物资的准备、捐款、重振经济发展方面 B05-4 严格执行州委政府的抗疫政策;同时以学生和教职工为单位排查各学生及教师所属家庭的轨迹信息,为全州疫情防控贡献力量
A002 医疗资源配置	A01-18 医疗资源匮乏	B06-15 公共卫生资源的配置不均衡。比如重城市卫生,轻农村 C01-18 医疗条件不好,所以大家比较害怕
	A04-10 疫苗资源配置	A05-11 积极响应全民接种新冠疫苗 C02-7 接种疫苗统计难度大
A003 主体风险感知	A02-1 危害性认识	A04-1 这次的公共卫生危机更严重,波及的范围也更大 B03-4 平时的预防是很重要的,如果预防不好,就会导致大面积的传播
	A02-16 危机知识储备	A03-16 政府工作人员对疫情防控知识的掌握还存在很大的空白 D06-14 应加强对政府工作人员的危机知识培训,以进一步提高其在公共卫生危机方面的治理能力
	A04-1 应急预案工作	A04-3 完善和细化应急预案工作 C02-7 开展一些消毒、测体温还有村一级应急预案制定工作
	A04-4 防疫工作难度	A04-6 网格化排查和联防联控难度增大 A05-6 沟通难度较大,处理事情花费的时间也多,整体上难度较大 C04-2 疫情工作本身就不容易,存在较大的突发性

初始范畴	概念	原始性代表语句
A003 主体风险感知	A04 - 5 加强健康防护工作	A04 - 7 要求干部职工和村民实时关注疫情动态、密切关注自身和家人健康状况 D04 - 7 加强个人防护并配合完成各项防疫要求，尽早接种疫苗 D02 - 3 及时跟踪掌握干部职工和村民流动情况及健康状况
	A04 - 12 防护意识薄弱	A04 - 15 虽然进行了大量的宣传引导工作，但部分群众对疫情的防护意识还不够强 B06 - 13 危机意识不足，对传染病的严重性与危害性认识不到位 D03 - 9 防疫意识薄弱
	B13 - 1 个体防护措施	B13 - 5 有意识地避免远距离出差，即使出差也会做好自身的防控，避免途径和旅途中高风险地区 C04 - 5 做好自身安全防控，不乱跑，不到境外

（二）主轴编码及主范畴

通过开放式编码对原始数据进行一定的概括和抽象，在获得 34 个初始范畴基础上，需要对这些相互独立的范畴进行再次整合和提炼。主轴编码包括两次范畴提炼，其基本目的就是将 34 个独立的初始范畴结合起来进行聚类分析，不断发掘各初始范畴之间潜在的逻辑关系。主轴编码的第一步是从各个初始范畴中提炼副范畴，根据对初始范畴的一一分析和归类，本研究共获得风险意识强弱度、治理效果满意度和数字技术接受度等 11 个副范畴，最终通过对 11 个副范畴的概念、逻辑分析，共提炼出主体认知、内外情境以及过程控制 3 个主范畴，具体结果如表 3。

表3　主轴编码结果

主范畴	对应范畴	影响关系的范畴	关系内涵
C001 主体认知	B001 风险 意识强弱度	主体风险感知 群众配合程度	风险意识是公共卫生危机治理的社会宏观心理环境,它反映了危机治理主体对突发公共卫生危机的重视程度,进而影响其防控行为
	B002 治理 效果感知度	政策执行偏差 工作结果评价 上级表率因素	治理效果感知直接决定了人们对公共卫生危机治理工作的评价,包括对政府公共卫生危机治理正负两方面评价,治理效果感知的差异决定着人们对政府公共卫生危机数字治理的能力评价的差异性
	B003 数字 技术接受度	数字技术负担 技术推广阻碍 技术赋能治理	技术接受度综合了人们对技术发展的正负态度以及技术推广的可能性评估,在技术负担和技术赋能二者的博弈下,形成对政府公共卫生危机数字治理能力的认知
	B004 治理 环境复杂度	技术环境认知 基层环境认识 政策环境感知	治理环境是政府公共卫生危机数字治理能力培育的外部因素,只有在较为良好的技术环境、基层治理环境及政策环境下,数字治理才有可能发挥其优势
C002 内外情境	B005 数字 基础支撑度	基础设施建设 技术运用场景 数字终端应用	信息基础设施是实现公共卫生危机数字治理的基础条件,只有在较为完备的数字基础设施支撑下,数字技术才能在公共卫生危机中发挥效用,数字终端才能得到普及应用
	B006 体系 建设完备度	应急组织部署 治理理念重塑 人岗匹配程度 管理流程优化	体系建设完备度反映了公共卫生危机管理体制是否适应危机治理的需要,组织结构、治理理念、主体能力要求等都受制于危机治理体系的建设完备度
	B007 执行 程序完整度	合法性保障 规范性建设	合法性和合规性是保障公共卫生危机数字治理的制度性基础,政府公共卫生危机数字治理能力的发挥需要完整的执行程序支撑

（续表）

主范畴	对应范畴	影响关系的范畴	关系内涵
C003 过程控制	B008 多元 主体包容度	协同意识培育 协同治理阻碍 协作主体结构 社会责任意识 参与度感知	多元主体包容度反映了各主体共同参与公共卫生危机治理的可能性,协同机制的建立、协同意识的培养需要开放的治理环境,在各主体的自觉参与下,公共卫生危机治理才能体现数字治理强调的集中力量办大事的治理优势
	B009 应急 处置科学度	工作部署方式 应急处置内容 工作灵活度	应急处置科学度贯穿危机治理全过程,政府工作部署、工作灵活度及各种具体数字防控措施,直接影响公共卫生危机数字治理的效果
	B010 信息 沟通流畅度	信息宣传方式 信息沟通渠道 信息沟通阻碍 信息公开透明	信息沟通中的数字技术应用对过程控制起着重要作用,数字技术的发展创新了信息的宣传、接收渠道,有助于提升政府的危机信息宣传能力
	B011 资源 支持充分度	医疗资源配置 基础资源动员	资源支持充分度是政府公共卫生危机过程控制的前提,包括人力资源、医疗资源、工作经费、技术资源等一系列防疫资源,资源的充分度决定了政府公共卫生危机数字治理能力能否践行

（三）选择性编码及核心范畴

选择性编码是扎根理论的最后一级编码,这一编码过程的核心是选择一个或多个具有较强概括力和关联能力的核心概念,以此整合其他概念。在主轴编码阶段,根据对副范畴的提炼已归纳出主体认知、内外情境及过程控制三个主范畴,三者之间的关系也逐渐显现出来,本研究所确定的核心范畴为"D州政府公共卫生危机数字治理影响机理",明确了主体认知、内外情境及过程控制三个主范畴如何影响 D 州政府公共卫生危机数字治理。

进一步,围绕核心范畴,并参考秦宏等研究成果(秦宏、高宇辉,2020),构建 D 州政府公共卫生危机数字治理的影响机理模型,即"态度—情境—行为"模型,如图 1。

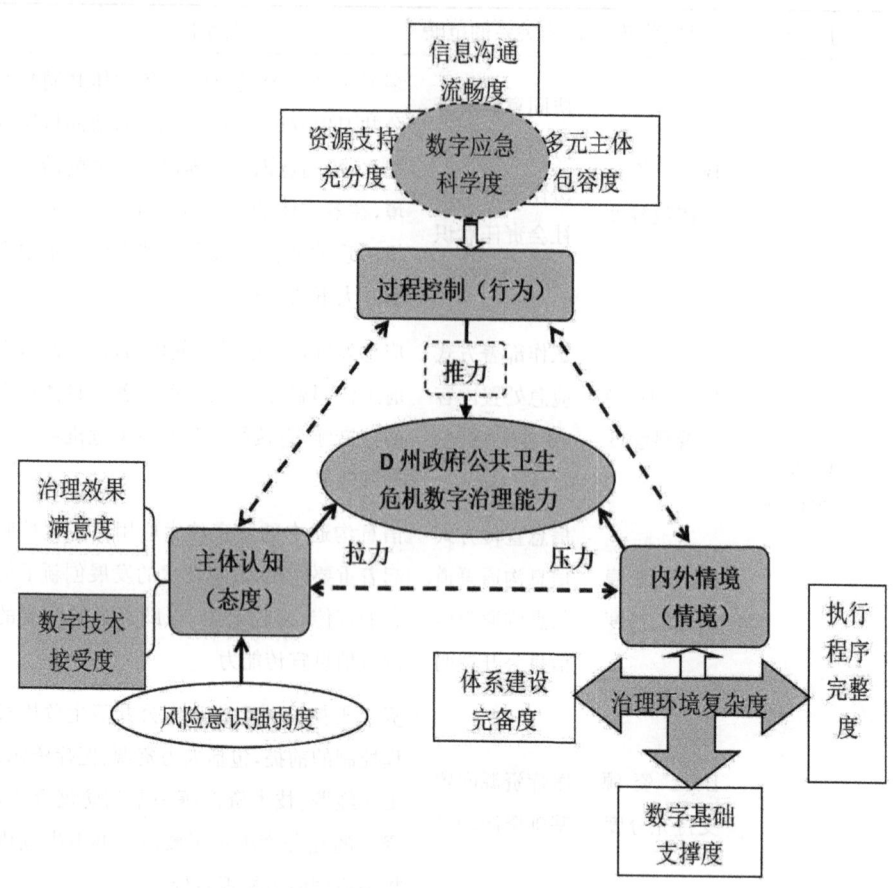

图1 "态度—情境—行为"模型图

　　通过选择性编码结果可知,主体认知、内外情境和过程控制对 D 州政府公共卫生危机数字治理具有显著的影响。在与核心范畴的关系上,主体认知是内因,它反映了各主体对 D 州政府数字应急的态度,直接影响着 D 州政府数字应急行为;内外情境是外因,其中,内部管理情境是 D 州政府数字应急行为的第一外因,决定着政府这一主要的公共卫生危机数字治理主体能在多大范围内发挥自己的应急处置能力,常表现压力型体制对政府公共卫生危机数字治理行为的影响,具有一定的规范性或强制性;外部治理情境是第二外因,主要通过对 D 州政府数字应急行为提供数字生态来影响其发挥。过程控制是 D 州政府数字应急的直接表现,公共卫生危机治理效果的好坏取决于当地政府对公共卫生危机事件的处置情况。

由此可以看出,主体认知反映各主体对 D 州政府数字应急行为的态度,内外情境是 D 州政府数字应急行为的客观环境,过程控制反映 D 州政府公共卫生危机数字治理行为,且 D 州政府的数字应急过程控制行为是主体认知和内外情景相互作用的结果。其中,主体认知是影响 D 州政府公共卫生危机数字治理的内驱因素,内外情境是影响 D 州政府公共卫生危机数字治理的外驱因素,过程控制是影响 D 州政府公共卫生危机数字治理的直接因素。

（四）理论饱和度检验

在构建完理论模型以后,将预留的 6 个访谈数据和 4 个政策文本依照编码步骤逐一进行开放式编码、主轴编码和选择性编码,发现没有另外的概念和范畴出现,各范畴之间的逻辑关系未发生新变化,因此,D 州政府公共卫生危机数字治理的影响机理模型在理论上达到饱和。

五、理论阐释

通过对 D 州政府公共卫生危机数字治理实践进行扎根分析所构建的"态度—情境—行为"模型反映了影响 D 州政府公共卫生危机数字治理的因素集。根据三级编码结果,D 州政府公共卫生危机数字治理的影响因素可归为三个范畴,即主体认知因素、内外情境因素及过程控制因素。尽管主体认知、内外情境及过程控制三大因素都对政府公共卫生危机数字治理具有显著影响,但不同范畴对政府公共卫生危机数字治理的作用机理并不相同,因此还需要对其关系进行深入分析。需要特别说明的是,由于文章采用的扎根理论资料来源以一手访谈资料与政策文本为主,主要是从数字应急体系建设这一政府行为层面进行研究,同时研究对象选取了新冠疫情这一具有全国普遍性的公共卫生危机事件,因此未涉及致灾因子分布与影响频率等灾害学相关因素。

（一）主体认知:提升公共卫生危机数字治理的内驱动力

在公共卫生危机数字治理过程中,人是推动治理行为发生的主体,是地方政府实施公共卫生危机数字治理的内驱动力。主体认知因素侧重于各治理主体对政府公共卫生危机数字治理行为所持的态度,若态度积极,则政府"强推广",其他治理主体"强配合",此时政府在公共卫生危机数字治理方面呈现"强能力",故主体认知是影响 D 州政府公共卫生危机数字治理的内驱动力。根据主轴编码结果,主体认知内在包含风险意识强弱度、数字技术接受度和治理效果满意度三个次级影响因子。

1. 风险意识强弱度

在实地调研中,访谈对象多次提到风险意识这一话题。风险意识强弱度反映各主体对公共卫生危机事件的重视程度,这一能力体现在主体风险感知和群众配合程度两个方面。风险意识强弱度通过主体对危机事件的重视程度,影响 D 州政府公共卫生危机数字治理。

主体风险感知是一个长期存续的状态。在危机暴发期间,D 州政府对突发的公共卫生危机的认知决定了其采取何种程度的防控措施,影响其预警、应急处置能力,其他治理主体对公共卫生危机的感知决定他们的自我防护意识大小以及自觉参与公共卫生危机治理的意愿程度(田玲、姚鹏、王含冰,2015);在非危机状态下,D 州政府对公共卫生危机的感知度决定着政府的危机预防能力大小,如果政府的公共卫生危机预防能力较强,则可以提前对潜在的社会风险或突发事件进行排查并控制,避免风险向危机进行演变。群众配合程度影响 D 州政府的协同治理能力,群众配合程度高,有助于政府节省一定程度的人力、物力和财力,更易推进具体的危机数字治理措施。

2. 数字技术接受度

数字技术接受度强调政府公共卫生危机数字治理的可行性,是主体认知因素中的核心要素,也是提升 D 州政府公共卫生危机数字治理的基础要素。数字技术接受度是各治理主体对技术赋能治理、技术推广阻碍及数字技术负担的综合考量基础上所表达的对数字技术的态度。

技术赋能和技术负担是数字技术在公共卫生危机数字治理中的两种不同表现。一方面,数字技术对具有传染性的公共卫生危机治理具有重要的实践价值。通过访谈数据分析可知,大部分人对数字技术在公共卫生危机治理中的运用给予肯定态度,认为新冠疫情期间的一系列无接触式服务便利了人们的疫情生活,同时大数据的数据计算、分析能力提升了地方政府的危机决策能力和危机管控效能。另一方面,公共卫生危机数字治理主要依托数据分析技术,由于基础数据源于基层工作人员的逐层上报,所以,在享受数字治理所带来的高效、便利之时,数字技术也给各方主体带来了一定的负担(任保平、张陈璇,2022),尤其体现在基层工作人员工作量的增加。技术推广阻碍大小直接影响数字技术接受度,受用户数字素养、经济发展水平及文化程度等个体能力限制和平台系统不稳定等技术应用弊端影响,技术推广阻碍不仅影响 D 州政府数字治理工作进度,而且也影响其他主体对数字治理的认可度和对本地政府公共卫生危机数字治理能力的评判。

3. 治理效果满意度

治理效果满意度注重政府公共卫生危机数字治理的有效性,决定着主体认知的偏向,是 D 州政府公共卫生危机数字治理的重要评价标准。治理效果满意度是人们对本地政府公共卫生危机数字治理结果的综合反馈,包括对政策执行偏差、上级表率因素的表达及工作结果的评价。

治理效果满意度是一个反复检验的过程。首先,政策执行偏差主要体现在 D 州政府在公共卫生危机数字防控方面的执行偏差,如数字填报异化为人工填报、强制数字化等,直接影响了人们对数字治理的主观感受。其次,上级机关或工作人员的公共卫生危机数字治理行为,也成为评价 D 州政府数字应急工作的一大因素。

(二)内外情境:提升公共卫生危机数字治理的外部压力

内部管理环境和外部治理环境是 D 州政府公共卫生危机数字治理的现实环境,D 州政府数字应急行为在一定的外围环境中进行,内外情境对主体认知和过程控制之间的关系具有一定的调节作用。若公共卫生危机数字治理主体处于一个有利的内外环境,同时对地方政府公共卫生危机数字治理持有积极的环境态度,那么治理主体将更可能采取积极的数字应急行为。因此,营造一个良好、开放的公共卫生危机数字治理内外环境考验着 D 州政府的公共卫生危机数字治理。根据扎根分析过程中各范畴之间的关系,内外情境与体系建设完备度、执行程序完整度、数字基础支撑度和治理环境复杂度紧密相关。

1. 体系建设完备度

体系建设完备度和执行程序完整度是 D 州政府公共卫生危机数字治理的内部管理环境,体系建设完备度聚焦 D 州政府公共卫生危机数字治理体系的健全发展,是提升 D 州政府公共卫生危机数字治理的制度要求。

第一,公共卫生危机数字治理是顺应新时代的一种危机治理新模式,它要求政府重塑公共卫生危机治理理念,遵循数字治理基础理论逻辑,强调以数字化改革为核心的整体治理,通过数字技术整合人力、物力等资源,从而更好地对标公民对公共卫生危机数字治理的需求。第二,管理流程优化是体系建设完备度的基础,也是实现传统政府向数字政府转变、切实提高地方政府公共卫生危机数字治理的可靠保障。第三,应急组织部署和人岗匹配程度是地方政府公共卫生危机数字治理的基本保障,公共卫生危机中应急组织和人员配置应紧密结合数字时代的新要求,充分发挥技术赋能优势,切实提高公共卫生危机预防能力、预警能力、应急处置能力、精准施策能力及信息宣传能力。

2. 执行程序完整度

内部管理情境中的执行程序完整度主要强调地方政府公共卫生危机数字治理的合法性保障和规范性建设两方面的内容,是提升 D 州政府公共卫生危机数字治理的法制保障。数字治理作为公共卫生危机治理的一个新模式,要求 D 州政府提供运用数字技术的基础环境,包括保障公共卫生危机数字治理行为的法律法规建设和体制机制建设。

合法性保障着眼于个体数据安全的保护,给人们营造一个兼顾技术应用和权益保护的良好环境,如当前已实施生效的《中华人民共和国数据安全法》《中华人民共和国个人信息保护法》等;规范性建设突出地方政府公共卫生危机数字治理的各项机制建设,包括危机信息发布机制、医疗数据共享机制等内容(汪玉凯,2020)。地方政府实施公共卫生危机数字治理的前提是对危机数据的全方位收集和高精度分析,因此不可避免地要大范围收集个人基础信息。如果数据收集没有相应的法律保障,一方面,由于侵犯个体隐私权,个体可能会拒绝提供数据或者提供假数据,从而影响数据分析结果,造成误判;另一方面,数据泄露可能会引发新的社会风险,如网络诈骗或者电话推销,降低公众对数字技术的信任度。

3. 数字基础支撑度

数字基础支撑度是 D 州政府实施公共卫生危机数字治理内外情境中的外部环境,是提升 D 州政府公共卫生数字治理的物质前提。数字基础完善度是开发数据价值、整合各类资源的基础条件,数字基础设施不连续,则地方政府公共卫生危机数字治理将成为空谈,地方政府公共卫生危机数字治理也无从体现。根据范畴之间的关系,数字基础支撑度着眼于数字基础设施建设、技术运用场景和数字终端运用三个方面。

首先,数字基础设施建设以数据为中心,涵盖数据抓取、存储、计算、管理和应用为一体,是数字基础支撑度的重要载体。良好的数字应急平台能够为各部门危机信息交流和共享提供中间场所。当前,各级政府部门以部门业务为核心建立了各自的政务服务系统,然而,有关数字应急平台建设的探索尚处于起步阶段,基层政府一级更是处于建设空白状态。我国网络普及率范围较广,但部分偏远地区还未实现信息全覆盖,比如部分农村地区依旧还未达到无线网络全覆盖,相应地,以网络为支撑的公共卫生危机数字治理在这些地方受到很大的限制。

其次,技术运用场景是数字基础支撑度的现实环境,新冠疫情防控工作中,人工智能、大数据技术在病毒研究和药物研发、疫情防控救治、医疗资源协同配置方面发挥了重要作用,这些数字技术运用场景不仅体现了政府工作的创新,同时也要求政府工作人员具备相对应的数字治理能力,如数据获取能力、数据处理能力及数据应用能力。

最后,数字终端应用是数字基础支撑度的直观体现,数字终端应用的使用体验直接决定了人们对地方政府公共卫生危机数字治理能力的评价,一般而言,数字技术的抗疫作用越有效,公众对地方政府公共卫生数字治理的评估结果越高。在实地调研过程中,多数受访者表示健康码、行程卡等数字应用方便、快捷,同时对红外线体温监测也给予肯定,然而对于疫情期间的线上政务App 使用体验,有些受访者认为政府开发的数字终端应用存在着重复开发及低效性现象,工作人员需要同时安装多个政务软件或者关注多个政务公众号,同时很多政务软件使用率很低,有些政务 App 甚至存在"下完就未打开过"的窘境。

4. 治理环境复杂度

根据扎根理论分析结果,D 州政府公共卫生危机数字治理面临的外部治理环境因素可以归纳为技术环境认知、基层环境认识和政策环境感知。与数字基础支撑度相区别,治理环境复杂度主要聚焦于访谈对象对本地治理环境的整体评价和综合认知,是外部情境中的一大重要因素,治理环境越复杂,内外情境对 D 州政府公共卫生危机数字治理的压力也越大。

技术环境认知聚焦人们对当下的数字技术和数字治理的整体把握,集中围绕数字技术和数字治理"是什么?怎么样?"予以判断;政策环境感知揭示不同地区的人们对当地公共卫生危机数字治理政策的理解度以及对不同地区政策差异性的容纳度;基层环境认识则强调在全球数字化变革的时代进程中,数字技术在经济条件受限的边疆地区或者复杂的基层环境中如何有效推进。

(三)过程控制:提升公共卫生危机数字治理的关键推力

过程控制是 D 州政府数字应急行为的直接表现,是影响 D 州政府公共卫生危机数字治理的直接因素。公共卫生危机的过程控制集中反映政府的公共卫生危机预警能力、应变和决策能力、应急处置能力及疫情信息宣传能力等,在数字技术的支撑下,这些能力得到进一步加强。没有过程控制这一环节,地方政府公共卫生危机数字治理就没有实质的意义。D 州政府公共卫生危机数字治理的过程控制受制于多元主体包容度、数字应急科学度、信息沟通流畅度及资源支持充分度四个因素影响。

1. 多元主体包容度

多元主体包容度从治理主体角度解构了数字应急过程中的核心人员力量,涉及协作主体结构、协同意识培育、社会责任意识、参与度感知,同时,多元主体包容度大小受到协同治理阻碍因素的影响。多元主体包容度拓宽了地方政府公共卫生危机数字治理的外延能力,多元主体是过程控制的主要实施者,政府单一主体已无法适应数字时代公共卫生危机治理的需要,故需要多主体协同合作,发挥1+1>2的合力效果。

对于多元主体包容度因素而言,首先,协作主体结构反映了治理主体的多元化程度,包括政府各部门、企事业单位、第三方组织、公民,形成了一个以政府为核心的同心圆治理主体结构。在此次新冠疫情中,健康码的开发及推广彰显了政府和企业在公共卫生危机治理上的合作效能,自余杭健康码至各省健康码的相继问世,借助阿里巴巴企业提供的技术和数据支持,切实推动形成了公共卫生危机数字治理领域的小切口撬动大治理局面。其次,实现公共卫生危机数字治理多元主体结构依赖于协同意识、社会责任意识的培育及参与度感知。在面临公共卫生危机时,社会主体较强的责任感推动其参与到危机治理当中,有助于各主体之间协同意识的培育。

2. 数字应急科学度

数字应急科学度是地方政府公共卫生危机过程控制中的核心环节,其科学性不仅表现为能够及时利用大数据采集技术、大数据分析技术控制危机事态发展,最大限度减少疫情传播,而且要对标"精准",实现精准预测、科学决策、精准服务,不断提高地方政府预警预防能力、应急处置能力和恢复重建能力。

应急处置科学度聚焦具体的数字抗疫工作部署,在 D 州的新冠疫情防控工作中,政府的工作部署方式主要有会议部署、文件通知、微信通知及政务网通知,其中会议部署是经常使用的一种工作部署方式,既包括传统的线下会议召开,也包括远程视频会议,而政务网通知主要是下发一些正式的工作文件,大多数日常性活动及不涉密通知则通过微信工作群进行部署。以 D 州 D 县为例,D 县有一个包含县城所有单位的微信工作群,一般各个单位的办公室人员都需要进群并实时关注县疫情防控指挥部对防疫工作的通知。

3. 信息沟通流畅度

信息沟通在 D 州政府公共卫生危机数字治理过程控制中起着桥梁作用,信息沟通贯穿政府公共卫生危机数字治理全过程,信息沟通流畅度决定当地政府在公共卫生危机数字治理中的信息传播和回应能力,反映了政府与其他治理主体在公共卫生危机数字治理中的互动过程。

在数字技术的赋能作用下,公共卫生危机信息的宣传方式、信息沟通渠道都发生了一定的变化。在信息宣传方式方面,D 州政府既采用传统的开会宣传、挂包宣传等方式予以宣传,同时也通过微信工作群、抖音、融媒体宣传等方式。在实地调研中,一位访谈者特别提到了 X 市某单位的抖音宣传。这个抖音号并非单位账号,但该单位工作人员会以情景剧形式,用当地语言开展疫情防控工作中的一些具体措施及政策宣传。由于其制作的内容富有地方特色且通俗易懂,因此受到当地很多人的关注,随着关注量的增加,D 州日报社也会转载其典型视频予以宣传。

在信息沟通渠道方面,通过结合线上和线下沟通渠道,信息沟通渠道的多样化有力促进了政府的危机信息沟通力。结合调研数据,多数政府工作人员、企事业单位员工、村小组负责人及村民认为微信工作群沟通是最为快捷、方便的途径,在此,有访谈者提出当地的信息更新、公开工作还有待加强,尤其是在召开新闻发布会时,相关部门负责人需站在群众角度进行针对性解答。由此可看出,信息沟通的流畅度直接影响政府的形象和公信力,保证信息沟通的流畅度是政府公共卫生危机数字治理的一个重要体现。

4. 资源支持充分度

资源支持是公共卫生危机数字治理的物质保障,资源支持充分度体现了 D 州政府公共卫生危机数字治理中的资源整合和供给能力,包括医疗资源配置和基础资源动员两大内容。

医疗资源配置是公共卫生危机数字治理中的核心资源,要求在公共卫生危机期间配备有充足的医疗防疫物资,如基础口罩、消杀工具以及疫苗供给,同时,在数字技术应用发展大势下,集健康咨询、远程问诊的数字化医疗服务不断发挥重要作用,医疗物资供应数据通过医疗物资供需平台不断集成,医疗服务数字化开始获得发展,故医疗资源配置在一定程度上通过个体使用体验影响政府防疫能力。由于 D 州整体经济发展水平较为滞后,因此在医疗资源配置方面表现并不理想。根据 D 州实际,受访者普遍反映医疗资源匮乏问题,认为 D 州整体的医疗水平较低,如有访谈对象提到疫情期间本地居民之所以非常谨慎,有一部分原因是当地医疗条件太滞后,如果出现疫情,后果可能非常严重。另外,有访谈者反映由于本地疫苗接种点比较少,疫苗资源相对有限,造成个人自主接种疫苗较为困难,而且当地在疫情常态化阶段,相关的隔离场所也较为匮乏。

基础资源动员涵盖公共卫生危机数字治理所需要的人力资源、技术资源、信息资源、经费资源等多方面资源动员和整合(李胜、高静,2020)。基础资源动员是保证 D 州政府公共卫生危机数字治理的前提,其中人力资源和经费资源是最基础的保障,新冠疫情期间各项抗疫工作的完成都需要一定的人力和物力支持,如基础的杀菌消毒工作、各关卡监督检查工作、人员基础数据统计工作等,同时结合数字化治理的特点,人员结构中还需要一定比例的数字技术专业人员,以保障相应的大数据技术研究及应用的有序推进。技术资源和信息资源是 D 州政府公共卫生危机数字治理的新内容,提升 D 州政府公共卫生危机数字治理能力要求治理主体掌握技术开发和信息应用的能力,技术资源的开发利用有助于数字应急工作的创新,如人工智能体温监测取代人工体温测量,信息的处理和应用能力则有助于公共卫生危机期间的信息公开,避免危机谣言的散播,同时也有助于公众实时掌握疫情动态。

六、结论

以云南省 D 州数字防疫实践为研究对象,采用扎根理论作为研究工具,探究欠发达地区数字应急的影响因素,主要研究结论如下:

第一,构建了"态度—情境—行为"的欠发达地区数字应急的影响机理模型。其中,"态度"侧体现为各主体对政府数字应急行为的认知,"情境"侧体现为政府数字应急行为的客观环境,"行为"侧体现为政府公共卫生危机数字治理的过程控制,且该控制行为是主体认知和内外情景相互作用的结果。

第二,主体认知、内外情境和过程控制分别是影响欠发达地区数字应急的内驱因素、外驱因素与直接因素。

第三,主体认知包含风险意识强弱度、数字技术接受度和治理效果感知度三个次级影响因子;内外情境包含体系建设完备度、执行程序完整度、数字基础支撑度和治理环境复杂度四个次级影响因子;过程控制包含多元主体包容度、数字应急科学度、信息沟通流畅度和资源支持充分度四个次级影响因子。

参考文献

陈新华,蒋建文,周华,等,2020. COVID-19 疫情背景下的医院人工智能快速布局和发展战略探讨[J]. 中国工程科学,22(02):130 - 137.

陈雅赛，2020. 突发公共卫生事件网络谣言传播与治理研究——基于新冠疫情的网络谣言文本分析 [J]. 电子政务 (06)：2-11.

邓崧，刘昀煜，2022. 推进数字政府双轨制策略：基于"数字贫困户"的视角 [J]. 广州大学学报 (社会科学版)，21(02)：90-102.

邓崧，杨迪，李鹏丽，2022. 政府数据开放成效影响因素研究 [J/OL]. 情报杂志：1-9 [2022-08-22]. http：//kns. cnki. net/kcms/detail/61. 1167. G3. 20220812. 1120. 004. html.

高琳，2012. 分权与民生：财政自主权影响公共服务满意度的经验研究 [J]. 经济研究，47(07)：86-98.

桂天晗，钟玮，2021. 突发公共卫生事件中风险沟通的实践路径——基于世界卫生组织循证文献的扎根理论研究 [J]. 公共管理学报，18(03)：113-124＋174.

胡勇，2020. 基于大数据的市域公共卫生危机治理与管理创新研究 [C]//第十五届(2020)中国管理学年会论文集：31-42.

贾哲敏，2015. 扎根理论在公共管理研究中的应用：方法与实践 [J]. 中国行政管理 (3)：90-95.

李胜，高静，2020. 突发事件协同治理能力的影响因素及政策意蕴——基于扎根理论的多案例研究 [J]. 上海行政学院学报，21(6)：39-52.

秦宏，高宇辉，2020. 海岛居民环境友好行为及其影响因素研究——以长岛县为例 [J]. 中国人口·资源与环境，30(4)：125-135.

秦燕，李卓，2020. 突发公共卫生事件中的基层数字治理及其关系优化——基于治理关系中的基层避责与信息茧房视角 [J]. 理论探讨 (6)：167-175.

任保平，张陈璇，2022. 中国数字经济发展的安全风险预警与防范机制构建 [J]. 贵州财经大学学报，217(2)：1-13.

田玲，姚鹏，王含冰，2015. 政府行为、风险感知与巨灾保险需求的关联性研究 [J]. 中国软科学 (9)：70-81.

汪玉凯，2020. 提高数字治理能力是城市治理现代化的关键 [J]. 国家治理 (43)：32-37.

王博，白俊芳，2021. 农村公共卫生危机协同治理研究——基于COVID-19应对案例分析 [J/OL] 北京航空航天大学学报 (社会科学版)，12(07)：1-6.

王璐，高鹏，2010. 扎根理论及其在管理学研究中的应用问题探讨 [J]. 外国经济与管理，32(12)：10-18.

王谦，2020. 数字治理：信息社会的国家治理新模式——基于突发公共卫生事件应对的思考[J]. 国家治理(15)：32.

薛小荣，2020. 重大公共卫生事件中市域社会治理的数字赋能[J]. 江西师范大学学报(哲学社会科学版)，53(3)：21.

张园园，石健，2022. 解码"最后一公里"——基于"行政控制与社会自主"的适配逻辑[J]. 公共管理学报，19(2)：82-92+170.

赵序茅，李欣海，聂常虹，2020. 基于大数据回溯新冠肺炎的扩散趋势及中国对疫情的控制研究[J]. 中国科学院院刊，35(03)：248-255.

CHRISTENSEN T，LÆGREID P，RYKKJA L，2016. Organizing for crisis management: building governance capacity and legitimacy[J]. Public Administration Review，76(6)：887-897.

FOTOVATIKHAH F，HERRERA M，SHAMSHIRBAND S，et al. 2018. Survey of computational intelligence as basis to big flood management: challenges，research directions and future work[J/OL]. Engineering Applications of Computational Fluid Mechanics，12(1)：411-437. DOI: 10.1080/19942060.2018.1448896.

KAPUCU N，GARAYEV V，2013. Designing，managing，and sustaining functionally collaborative emergency management networks[J]. The American Review of Public Administration (03)：312-330.

Factors Influencing Digital Emergency Response Capacity in Less Developed Regions—Based on the Rooting Theory in D State，Yunnan Province

Deng Song　Yang Di　Basongzhuma

Abstract：The construction of emergency management system is an integral part of national governance system and governance capacity building，and plays an important role in regional development. The specific construction of the digital emergency system is closely related to the degree of regional development，showing heterogeneity. The research on the influencing factors of digital emergency in underdeveloped regions will help to narrow the gap in the construction of digital emergency systems among regions and help achieve "common prosperity". Taking the grounded theory as the research method, the field survey data and relevant policy texts of D prefecture in Yunnan Province are coded and analyzed. The main conclusions are as follows: First, the paper constructs the "attitude situation behavior" model of digital emergency impact mechanism in underdeveloped areas; Secondly, subject cognition, internal and external situations and process control are the internal driving factors, external driving factors and direct factors that affect digital emergency response in underdeveloped areas respectively; Third, it analyzes the secondary influencing factors included in subject cognition, internal and external situations and process control. The research of this paper establishes a new mechanism model of digital emergency response, and also provides a focus for further promoting the construction of digital emergency response system in underdeveloped areas.

Key words: less developed areas; influencing factors; digital emergency; Yunnan province; Rooting Theory

学校特征如何影响青少年早期的教育分层[*]

——基于 CEPS2014—2015 数据的分析

彭大松[**]

摘　要：基于中国教育追踪调查数据(CEPS2014–2015),采用倾向值方法消除样本的选择性偏误,并在重新匹配样本基础上采用多层线性模型,分析学校特征与初中生教育分层之间的关系,探索学校因素对青少年早期教育发展的影响机制。结果表明,学校优质教育资源对个体教育发展有直接促进作用。在控制了选择性效应之后,优质资源的直接影响有所减弱,但仍存在明显的正向影响;"跨层"效应分析显示,拥有优质资源的学校通过调节个人和家庭因素的作用而间接地影响教育发展,缩小教育中的性别差异,弱化多子女家庭和单亲家庭子女教育资源劣势。此外,优质"生源质量"也强化了学校教育中的正向"同侪效应";学校优质教育资源与家庭社会经济地位等社会分层因素之间的选择性亲和关系是造成青少年早期阶段教育分层的主要原因。促进教育资源均衡,降低家庭教育成本有利于促进青少年早期教育的公平发展。

关键词：学校特征;初中生教育;复制效应;教育公平

一、引言

在当代社会,教育变得越来越重要,它不仅是底层向上流动的阶梯,也是

---

　*　本文系国家社会科学基金一般项目(项目编号:21BRK031)阶段性成果。
　**　彭大松(1979—),男,社会学博士,教授,南京邮电大学社会与人口学院教授,研究方向为教育社会学,E-mail: pengdasong@outlook.com。

社会优势阶层维持阶层再生产的重要途径（Blalock，Blau，and Duncan，1967）。改革开放以来，我国教育事业获得了快速发展。教育部的数据显示，学前教育毛入园率已达到88.1%，九年义务教育巩固率达到95.4%，高中教育入学率为91.4%，高等教育、特殊教育以及职业教育等也都取得了巨大进步①。然而，令人费解的是中国教育不平等状况并未得到有效改观。有研究指出，近十数年中国教育的阶层差异不仅没有缩小，反而呈扩大趋势（李春玲，2006；吴愈晓，2013）。近年来，教育阶层差异扩大化趋势甚至开始蔓延到青少年早期教育阶段（戴思源，2018；马艳、杨晗，2020）。人们普遍认为，学校优质教育资源是个体获得良好教育发展的重要保证（马艳、杨晗，2020）。在这种信念驱动下，很多家庭在子女早期教育阶段进行大量投入，追逐优质教育资源，以便让下一代在人生的起跑线上"占得先机"。从学术研究来看，学校究竟在多大程度上影响到孩子的教育发展问题一直处在争论之中。正如道格拉斯·唐尼（Douglas B. Downey）所言，对研究者而言，学校教育与不平等之间关系仍是未知领域（Downey，2001）。一个反复被提及的问题是学校教育究竟是再生产了业已存在的不平等，还是在原有不平等基础上进一步扩大或缩小差距？尽管教育结果直接由学校"产出"所反映，但教育过程仍是多方参与的过程，各种因素都会影响教育结果。要厘清学校教育对教育分层净效应，需要将学校、家庭和个人同时纳入分析框架，并剔除混杂因素的干扰，来评估学校优质资源对青少年早期教育发展的贡献。目前，大多数教育分层研究主要围绕个体和家庭层面而展开，鲜有涉及学校、家庭和个人多层面的综合性定量研究。鉴于此，本文拟以中国教育追踪调查数据（CEPS2014-2015）为基础，通过构建学校、家庭、个体的统计模型，深入分析学校特征对青少年早期教育分层的影响，以回应在中国的教育实践中，学校、家庭、个体如何通过相互作用，来共同塑造青少年早期的教育不平等问题。

二、文献综述与研究框架

已有文献将学校对教育发展的影响概括为两种观点：一是将学校视为整体，以教育产出结果来评价学校的作用。该观点认为，学校并未对教育分层产生根本性影响，不过是复制了已有的社会分层结果。著名的《科尔曼报告：教

---

① 数据来源：《2021年全国教育事业发展统计公报》，2022-03。

育机会公平》也认为,教育差异主要源于家庭社会经济地位,而学校在其中只发挥着很小的作用(科尔曼,2019)。布尔迪厄社会再生产理论也认为,随着社会平等化和民主化发展,下一代直接继承上一代的财富和阶层地位变得越来越困难,唯有通过学校教育将经济资本转换为文化资本,才有可能让下一代继承或延续其父辈的阶层地位。在布尔迪厄看来,学校是确保社会阶层代际继承的重要系统。拉夫特里和豪特(Raftery,A.E. & Hout M.)的最大化维持不平等(MMI)理论从另外一个角度驳斥了学校教育可以促使教育平等化的假设。他认为,学校教育的主要受益者仍然是优势阶层,只有优势阶层的教育达到饱和时,才会惠及社会底层(Raftery and Hout,1993)。当然,与此相对应的另一种观点则认为学校可以打破既有的社会分层,让不同出身的受教育者受益。因为教育不只是维护上层社会的阶层地位,也是底层向上流动的重要路径(沈洪成,2020;Raudenbush and Eschmann,2015)。

与上述理论研究不同,经验研究发现,教育结果受学校、家庭和社会环境等多重因素的影响。越来越多的研究者认为,当前教育差异或教育分层更大程度上是社会、学校、家庭多方"共谋"的结果。由于优质教育资源的稀缺性才使得"择校"和"高价学区房"成为教育竞争的主阵地。而教育竞争致使资源优势家庭与资源优质学校之间形成选择性亲和关系,即家庭社会经济地位与学校资源优劣之间形成"双优"和"双劣"的马太效应,并共同影响着教育结果(Downey and Condron,2016;Rowe and Perry,2019)。在教育竞争中,中上层家庭的子女获得了家庭与学校双重资源优势,在教育发展中占得先机,而家庭社会经济地位低的子女在教育的起跑线上已经处于劣势。

家校之间选择性亲和关系对教育的影响主要体现在两个方面:一是家校之间的良性互动。不同学校的家校良性互动差异远远大于学校内部差异,而这种差异正是教育结果差异的主要原因之一。拉鲁通过民族志方法考察教育过程时发现,家庭社会经济状况在一定程度上决定着家庭与学校的互动合作程度,其中工人阶层的"家校关系"是断裂的和形式化的,而中产阶级的"家校关系"则是相互关联的和整体化的(Lareau,2015)。二是学校生源质量对个体教育发展的影响。生育质量优劣在一定程度上代表着朋辈群体的好坏,而朋辈群体所形成的"同侪效应"将直接影响到个体的教育发展(Urquiola,2016)。已有经验研究证实,朋辈群体通过日常互动传递价值观、社会规范、教育期望、学习态度等,进而影响到个人的学业表现。中上层家庭的学生拥有更丰富的文化资本、社会资本和更好的学业表现。因此,当学校中上层家庭的学生比例越高,朋辈群体交往对个人学业发展越有利。反之,底层家庭出身的学生比例越高的学校,朋辈群体之间交往互动则产生负面影响,不利于个体的学业发展(Winkler,1975)。

改革开放以来,我国教育事业虽然取得了巨大的进步,但围绕优质教育资源的争夺战也在悄然升级。在"择校热"和"高价学区房"的推动下,教育不平等和早期教育分层问题已成为当前最为突出的社会问题之一(吴愈晓,2020)。本文通过构建学校、家庭和个人多层分析框架,重点探讨校学校特征如何通过与个体、家庭的互动来影响青少年早期的教育发展(见图1)。我们将学校对初中生教育的影响分为直接影响和间接影响。一是学校作为教育的环境因素,对受教育的个体有直接影响;二是学校特征与家庭、个人因素的交互效应对教育的影响。进而诠释学校、家庭和个体因素间的互动是如何塑造青少年早期的教育差异。

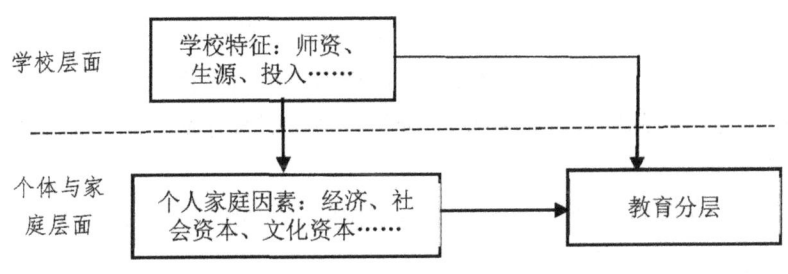

图1　学校教育与青少年早期教育分层的分析框架

三、数据、变量与方法

(一)数据

本研究的数据来自中国人民大学中国调查与数据中心主持的"中国教育追踪调查"项目。该调查采用多阶段分层抽样方法在全国范围内抽取 28 个县作为初级抽样单元,在所抽中的县里随机选取 112 所学校的 438 个班级展开调查。调查以初中一年级(7 年级)和初中三年级(9 年级)学生为对象,同时对被抽中的学生家庭、任课教师、班主任、学校校长进行问卷调查,以全面了解被访问对象、学校和班级的具体情况。本文使用的是 2014—2015 年的调查数据，其中学生样本 9 449 个、校长样本 112 个、教师样本 791 个[①]。最后，将校长、教师数据汇合构成学校层面的数据库，学生样本构成个体数据库。剔除缺失值的数据，最终进入分析的个体层次样本为 9 007 个，学校层次样本 112 个。

（二）变量测量

1. 因变量

本文的因变量为教育分层，通过构建一个综合性教育发展指数来衡量。个体间教育发展指数差异越大，教育分层也越明显。教育是一个多维度指标，包括学业成绩、教育期望、认知能力三个方面。其中，教育期望是通过问题"希望读到什么程度"来测度，问题的答案项分别为现在就不要念了（＝7）、初中毕业（＝9）、中专/技校（＝12）、职高（＝12）、高中（＝12）、大专（＝15）、本科（＝16）、研究生（＝19）、博士（＝22），做连续变量处理，数值越大教育期望越高；认知能力是基于问卷中一套测度学生逻辑思维和问题解决能力系列问题测试得分；考试成绩是以调查年份语文、数学、英语三科期中考试成绩总得分来测度；根据这三个维度变量生成一个可反映初中生教育发展的综合指数（教育发展指数）。具体方法是采用主成分分析方法提取上述三项指标的公因子，并将其转换为 0—10 区间的教育发展得分，分值越高说明教育发展水平也越高[②]。

2. 主要自变量

本文的主要自变量包括个体、家庭层次的自变量（层—1 变量）和学校层次的自变量（层—2 变量）。

个人和家庭层次自变量包括父母教育参与、家庭社会经济地位、文化资本、兄弟姐妹数量、朋辈质量等。"父母的教育参与"包括"学习监督"和"亲子交流"两个部分。其中，"学习监督"用问题"你父母在以下事情上管你严不严"来测度，这些事情包括作业考试、在校表现、与谁交友、上网时间、看电视时间等 5 项，每项的答案为不管（＝1）、不严（＝2）、很严（＝3）三个标准，所有项目得分加总后，得分越高代表父母对子女的学习监管越严。"亲子交流"是通过问题"你父母是否经常与你讨论：学校发生的事情、与朋友的关系、与老师的关系、你的心情、烦恼"来测度。每项的答案为"从不"（＝1）、"偶尔"（＝2）、"经常"（＝3），各项得分加总，分值越高表明亲子交流频率越高；"家庭社会经济地位"由父母受教育程度、职业类别、家庭经济状况等指标综合测度。完整家庭

① 抽样技术、抽样过程及问卷详情请参考：https://ceps.ruc.edu.cn/index.php? r=index/index
② 采用验证性因子分析模型对教育发展指标进行检验，结果显示：RMSEA 为 0.001，$p<0.001$，并且 CFI＝0.9902，表明教育发展指数的测度效果较好。

的父母受教育程度,以学历较高者来测量,单亲家庭以与子女同住的父亲或母亲受教育程度来测量。受教育程度按照"没有受过教育"到"研究生教育",按照受教育年限进行赋值,在数据处理时做连续变量使用。"父母职业类型"按照父母亲从业状况和性质,分为"无业、下岗、失业"……"国家机关事业单位领导与工作人员"等九个类别,为了数据处理的方便,将其分别赋值1—9分,分值越高,代表职业阶层地位也相应越高。"家庭经济地位"是指被访者对家庭经济的主观评价,从"非常困难"到"很富裕"分别赋值1—5,数值越大代表家庭越富有。在统一指标方向后,采用主成分分析法提取公因子,生成因子得分并标准化为0—10范围的家庭社会经济地位指数;"家庭文化资本"采用文化客体数量进行测度,即通过询问"家里是否有独立书桌"(无=0,有=1)、"家里书多吗"(很少=0,很多=1)、"你家有电脑和网络吗"(都没有=0、有电脑无网络=1、有电脑和网络=2),采用加总得分来衡量文化资本,数量越大,文化资本越丰富;"兄弟姐妹数量"根据问题"你有几个亲生的兄弟姐妹"进行测度,做连续变量使用;"朋辈质量"根据问题"好朋友中有没有以下情况",这些情况包括"学习成绩优良""学习努力刻苦""想上大学""逃课、旷课、逃学""违反校纪被批评、处分""打架""抽烟、喝酒""经常上网吧、游戏厅等""谈恋爱""退学了"等十项。每项答案为"没有"(=0)、"一到两个"(=1)、"很多"(=2)。以"学习成绩优良""学习努力刻苦""想上大学"三项得分加总测量高质量朋友数量。"逃课、旷课、逃学"……"退学了"等后七项得分加总测量低质量朋友数量。最后,将前者除以后者构建朋辈质量指数,指数值越高说明朋辈质量越高。此外,性别、家庭结构等设为控制变量。性别为分类变量,以女生为参照项。家庭结构是根据子女与父母居住情况来测量,分为双亲家庭、单亲母亲、单亲父亲、双亲缺位等四种家庭类型,以双亲家庭为参照项。

学校层次自变量:学校层面的变量分为三个部分,即教育管理、软硬件水平与生源质量。具体来说,教育管理是通过"家校互动""违纪行为""师资流动"三个指标来反映。其中,"家校互动"是通过问题"上学期,学校举办以下活动的次数",活动包括"家长会""向家长报告学生在校情况""邀请家长听课""邀请家长观看演出或参与课外活动""举办生活辅导讲座",答案项分为没有(=1)、1次(=2)、2—4次(=3)、5次以上(=4),将参与活动频次加总,得分越高代表家校沟通越频繁;"违纪行为"通过问题"上周,发生如下事件的频繁程度",事件包括"学生打架斗殴""学生破坏公物""学生吸烟""学生饮酒""校内外帮派活动"等。答案项为"从未发生"(=1)、"1—4次"(=2)、"5—10次"(=

3)、"10次以上"(=4),5项问题加总,得分越高说明校园暴力行为发生频率越高;"师资流动"是通过问题"教师流动频繁程度",答案项"完全不符合"(=1)、"不符合"(=2)、"比较符合"(=3)、"完全符合"(=4),得分越高,表示学校教师流动性越强;学校软硬件水平通过指标"学校性质""经费投入"和"师资水平"三个指标来反映。其中,"学校性质"根据问题"贵校的性质"分为公办学校(=1),民办、民办公助、民办民工子弟及其他学校归为民办学校(=0);"经费投入"根据问题"生均财政拨款多少元"来测量,根据以往经验将其转换成对数形式;"师资水平"通过将问卷中统计的各类学历教师的统计数据,测算该校教师的平均受教育年数。具体分类赋值情况为:初中以下(=9)、高中、中专、技校(=12)、大专(=14)、本科(=16)、研究生(=19)。此外,"生源质量"用"升入重点高中比例"来测量。具体测度方法为:利用校长问卷中提供的"毕业生人数""考上重点高中人数"来测算上一年升入"重点高中的比例",这一比例越高,说明生源整体质量也越高。

(三)方法

本文定量分析由两部分构成:第一部分基于倾向值加权方法对数据做加权处理,降低样本的选择性偏误;第二部分在倾向值加权的基础上进行多层线性模型分析。具体步骤如下:

(1)基于倾向值加权处理,降低样本的选择性偏误。根据以往的经验,就读于何种学校,在一定程度上与家庭经济地位和择校行为有关。因此,所得的样本并非随机,而是受某种主观倾向影响的有偏样本。为了真实地反映学校特征对学生教育发展的影响,需要消除样本选择带来的估计偏误。在Neyman-Rubin反事实框架下,倾向值加权分析可较好地平衡样本选择性偏差①。

本文将校长问卷中对本校在全县学校的总体排名的评价作为区分学优劣的指示变量。其中,排名中等及以下的学校为参照类(=0),而排名中上、最好的学校作为另一类(=1)。然后基于父母教育水平、家庭经济地位、家庭文化资本、户籍、性别、年龄、民族等混淆变量,采用logit回归模型计算个体的倾向值。在得到广义倾向值之后,对后续模型进行加权处理。表1是加权前与加权后模型的比较。模型1是加权前的模型,其中R-square值达到了0.25,说明

---

① 限于篇幅不再详述倾向值加权过程,具体请参考:郭申阳,马克·W.弗雷泽,倾向值分析:统计方法与应用[M].重庆:重庆大学出版社,2016.

这些变量较好地预测了学校选择行为。模型中家庭经济地位、父母受教育水平、家庭文化资本等反映社会分层的重要变量都具有显著的影响。这从另外一个方面也说明优质的教育资源与优势社会阶层之间的确存在选择性亲和关系。模型 2 是加权后模型，可以看到经过加权，原先的混淆变量不再显著，这说明倾向值加权方法较好地平衡了数据的选择性偏误。

表 1　倾向值估计的平衡性诊断结果

	模型 1（加权前）	模型 2（加权后）
健康状况	0.07**（0.03）	0.01（0.02）
性别（女＝0）	0.07（0.06）	−0.00（0.03）
民族（汉＝0）	0.21*（0.11）	−0.43（0.59）
人口流动（非＝0）	−1.36***（0.14）	−0.03（0.10）
农村（城镇＝0）	−0.08*（0.05）	−0.01（0.04）
家庭经济地位	0.92***（0.02）	0.07（0.06）
家庭文化资本	0.10***（0.01）	0.02（0.01）
父母受教育水平	0.11***（0.02）	−0.01（0.01）
截距	−7.82***（0.23）	−0.47
R-square	0.25	0.01
样本量	9007	9007

注：（1）表中数字为非标准化回归系数，括号中数字为标准误；（2）统计检验为双尾检验 * $p<0.05$，** $p<0.01$，*** $p<0.001$。

（2）在倾向值加权的基础上，采用多层线性模型方法分析学校特征以及学校与个体、家庭特征的"跨层"影响。具体模型形式如下：

层—1 模型：$Y_j = X_j \beta_j + r_j$，　$r_j \sim N(0, \sigma^2 I)$

层—2 模型：$\beta_j = W_j \gamma + u_j$，　$u_j \sim N(0, T)$

层—2 模型代入层—1 模型得到组合模型：$Y_j = X_j W_j \gamma + X_j u_j + r_j$。其中，$Y_j$ 是一个 $n_j \times 1$ 阶的结果向量，在本文指教育发展指数及其各个维度指标。X_j 代表层—1 自变量的 $n_j \times Q$ 阶矩阵，β_j 是 $Q \times 1$ 阶的层—1 系数向量，r_j 是 $n_j \times 1$ 阶随机效应向量，W_j 是层—2 自变量的 $Q \times f$ 阶向量，γ 是固定效应的 $f \times 1$ 阶向量。本文使用 HLM6.08 软件对接个体和学校两层数据和开展数据分析。变量选择遵循简约化原则,经过多轮试算,淘汰掉不显著的变量,并形成最终分析模型①。两层变量的分布特征见表 2。

表 2 变量分布特征

变　量	均　值	标准差	极小值	极大值
层—1 变量($n_1 = 9\,007$)				
教育发展指数	6.12	0.08	0	10
社会经济地位	4.88	1.69	0	10
家庭文化资本	6.05	2.79	0	10
家长教育参与				
学习监督	6.34	2.06	0	10
亲子交流	5.19	2.55	0	10
性别[a](女＝0)	4 706(52.3%)	——	0	1
家庭结构[b]				
单亲母亲	833(9.25%)	——	0	1
单亲父亲	322(3.57%)	——	0	1
双亲缺位	942(10.5%)	——	0	1
朋辈质量	8.81	5.19	1.88	45
兄弟姐妹数量	1.31	0.67	0	5
层—2 变量($n_2 = 112$)				
教育管理				
家校沟通	14.00	3.34	6	24
违纪行为	7.44	1.78	6	15
师资流动	1.46	0.79	1	4
软硬件水平				
学校性质(民办＝0)	104(93.0%)	——	0	1
经费投入(ln)	6.78	0.61	4.49	8.26
师资水平	15.7	0.63	12.5	16.9
生育质量(升重点高中的比例)	24.90	18.25	0	88.89

① 限于篇幅,具体分析模型不再列出。

注:①a 参照类为女性,b 参照类为与父母同住;②连续变量报告均值和标准差,分类变量报告频数和百分比。

四、结果与分析

(一)影响教育发展的因素分解

零模型是指未纳入任何自变量的多层模型。通过零模型(null model)对因变量的变异进行分解,计算不同层级变量对模型变异的解释比例,以此来判断本文采用分层线性模型是否合理。零模型由 $Y=\beta_0+r$(层—1 模型)和 $\beta_0=\gamma_{00}+u_0$(层—2 模型)两部分构成,合并二者可得混合模型: $Y=\gamma_{00}+u_0+r$。从该模型形式可知, β_0 为层—1 模型的截距, r 为随机效应, γ_{00} 为层—1 截距在层—2 中的固定效应, u_0 是第二层模型的随机效应。表 3 显示,固定效应系数为 6.12,代表所有学校学生个体的教育发展指数的总均值。学校层面的随机效应为 0.66,随机效应占比为 29.2%,说明学校特征对教育发展指数的变差解释比例远大于经验值 5.9%,这说明学校层次影响初中生教育发展的因素不应被忽略,适宜采用 HLM 模型拟合数据。

表 3 初中生教育发展指数零模型分析

固定效应	系数	标准差	T 比率	p -value
教育发展指数	6.12	0.08	65.25	0.000
随机效应	方差成分	所占份额(%)	χ^2 统计量	p -value
学校层面	0.66	29.20	3107.6	0.000
个体层面	1.60	70.80	——	

注:表中采用稳健标准误。

(二)学校特征对初中生教育发展的影响

1. 学校特征的直接影响

表 4 报告了教育发展的多层线性模型估计结果。第一部分是学校因素直接影响的估计结果。其中,总截距为 5.92,代表控制学校特征、个体特征之后 112 所学校初中生教育发展指数的平均值。该值具有统计显著性,说明不同学校教育发展水平之间存在显著差异。总截距项下是学校特征系数的估计值,

代表着学校层面因素的直接影响效应。在学校特征中,生源质量高、家校互动频繁、师资水平越高的学校,其学生平均教育发展指数也越高。学生违纪行为发生率越高、教师流动性越大的学校,其学生的教育发展指数均值相应越低,这与以往研究以及日常经验一致。这说明学校之间的差异可以直接影响个体教育分层。

表4　影响初中生教育发展的多层线性模型估计结果(Robust)

固定效应	系数	固定效应	系数
截距	5.92***(0.07)	社会经济地位	
家校互动	0.05*(0.02)	截距	0.06***(0.01)
违纪行为	−0.08*(0.03)	学校性质	0.17**(0.05)
师资流动	−0.14*(0.07)	经费投入(ln)	0.01***(0.004)
学校性质(民=0)	−0.09(0.25)	家庭文化资本	
师资水平	0.05*(0.01)	截距	0.09***(0.008)
经费投入(ln)	0.08(0.11)	学习监督	
生源质量	0.01**(0.003)	截距	0.05***(0.008)
性别(女=0)		亲子学业交流	
截距	−0.41***(0.03)	截距	0.08***(0.007)
家校互动	0.04***(0.007)	兄弟姐妹数量	
生源质量	0.18*(0.07)	截距	−0.07*(0.04)
学校类型	0.32**(0.11)	违纪行为	−0.05*(0.02)
经费投入(ln)	0.11**(0.04)	经费投入(ln)	0.15**(0.05)
单亲父亲家庭[1]		朋辈质量	
截距	−0.07*(0.04)	截距	0.008*(0.003)
违纪行为	−0.05*(0.02)	生源质量	0.01*(0.007)

随机效应	标准差	方差成分	P值
截距	0.64	0.41	0.000
性别	0.14	0.02	0.180
社会经济地位	0.08	0.01	0.020

（续表）

固定效应	系数	固定效应	系数
家庭文化资本	0.04	0.002	＞0.50
学习监督	0.05	0.002	0.021
亲子交流	0.04	0.002	0.014
兄弟姐妹数量	0.16	0.027	0.286
与父亲同住	0.33	0.109	0.141
朋辈质量	0.02	0.001	0.158
层－1效应	1.26	1.58	——

注：①参考项是"与双亲家庭"（或完整家庭）；②层－1、层－2变量均进行了中心化处理；③ Deviance＝63353.6，模型比较检验：χ^2 统计量为131.6，$p＝0.000$；④模型是经过多轮试算后的最终模型；⑤统计检验为双尾检验。＊表示 $p＜0.05$，＊＊表示 $p＜0.01$，＊＊＊表示 $p＜0.001$。

2. 学校特征的"跨层"效应

多层线性模型的优势是可以同时估计不同层次变量的"跨层"效应，探讨高层次变量对低层次变量的调节效应，而这正是探讨内在机制必不可少的过程。

（1）优质教育资源有助于缩小早期教育中的性别差异

"性别"项的截距值代表层－1模型中性别变量的平均斜率，该数值为－0.41，说明教育发展存在性别差异。在同等情况下，女生教育发展水平优于男生。这与以往的研究发现基本一致。例如，PISA（2009）的研究发现，女生在语文和英语成绩方面显著高于男生，而数学则没有性别差异，在总体学业表现上女生表现更好（Products，2009）。另一项研究甚至认为，女生学业表现优于男生始于小学阶段，并且一度持续至大学阶段。性别截距项下的各系数估计值代表了学校特征对性别的"跨层"效应。从表中估计结果看，家校互动、生源质量、教育经费投入以及就读于公办学校等，都对"性别"变量有正向的"跨层"调节作用。换言之，在学校诸多特征中，"家校互动""生源质量""教育经费""就读于公立学校"等因素，对男生教育发展的促进作用比女生更大。以"家校互动"为例诠释估计系数的含义：在保持其他条件不变的前提下，"家校互动"平均提高1个单位，那么教育发展的性别差异将从0.41缩减至0.37，即使得两性的教育差异缩减了9.8%。以此类推，提高学校生源质量，增加教育经费投入以及就读于"公立学校"均有助于缩小两性教育差异,其对应的边际贡献分别为 7.3%、78.0% 和 26.8%。大量的研究发现,小学和初中阶段的教育女生总体优于男性,两性差异明显。因此,优质教育资源均衡分布有助于缩小初中阶段教育的性别差异,反之则会进一步拉大教育差异。

(2)优质资源强化社会阶层因素对教育分层的影响

"家庭社会经济地位"截距项系数为 0.06($p<0.001$),说明家庭经济地位对个体的教育发展有显著的促进作用,因为家庭经济地位越高,家长为子女提供的文化物品相对更丰富,也更倾向于通过课外教育辅导来提高子女的学业成绩(李忠路、邱泽奇,2016)。由于家庭经济地位也是测量家庭社会阶层的重要指标,因而家庭社会经济地位与子女教育发展差异也成为教育不平等讨论的起点。学校特征对家庭社会经济地位的效应会有怎样的调节作用? 表 3 结果显示,就读于公办学校比就读于私立学校的初中生教育发展受家庭经济地位的影响更大。为直观起见,将"跨层"效应用图形呈现(见图 2)。

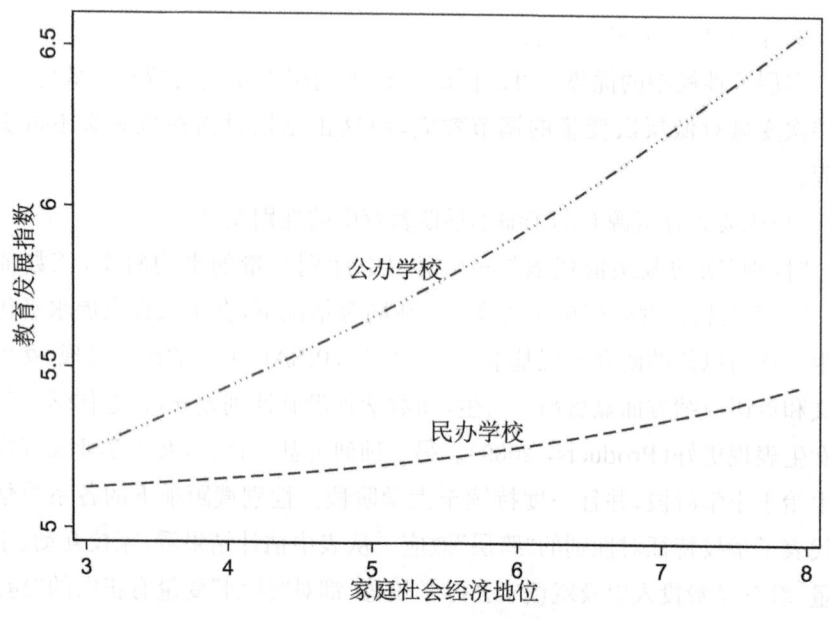

图 2　学校性质与家庭社会经济地位影响的"跨层"效应

从图 2 可看到,公办学校曲线的变化率明显大于民办学校曲线的变化率。这说明,相同家庭社会经济地位的子女分别就读于公立学校和私立学校,就读于公办学校的子女所获得的教育回报率更高。有两个方面的原因:一是我国公办学校有教育资源优势、硬件建设优势和生源师资优势。此外,公办学校在教育资源、招生生源以及师资方面在总体上处于优势地位,从而使得相同家庭出身的学生在公立学校可获得更大的教育发展。二是大多数私立学校采用封闭管理和个性化培养模式,在私立学校就读的学生教育成就更可能取决于学校。而公立学校则不同,在中央和地方教育部门强调学生"减负"的情况下,学生教育发展重任部分地转移到了家长身上,依靠家庭经济资源为子女购买课外辅导服务已成为一种常态。

此外,学校"经费投入"也影响到"家庭社会经济地位"的教育回报率,即学校"教育经费"投入越高,"家庭社会经济地位"获得的教育回报率也越大,由此可见,学校教育投入与家庭社会经济地位具有叠加效应。具体来说,具有相同社会经济地位的个体就读于 A 学校和 B 学校,如果 A 学校投入的人均教育经费(ln)比 B 学校高 1 个单位,则个体在 A 学校获得的教育回报的边际效应将比 B 学校提高 1%。尽管人均教育经费投入对初中生教育发展的直接影响不显著,但却对"家庭社会经济地位影响初中生教育发展"有"跨层"调节效应。实际上,优质教育资源与家庭阶层之间总是存在某种相关性,即社会经济地位越高的家庭,其子女就读于优质资源学校的可能性也越高。以学校为单位将本次调查对象的家庭社会经济地位计算均值,并与学校生均经费投入指标做散点图(见图 3)。

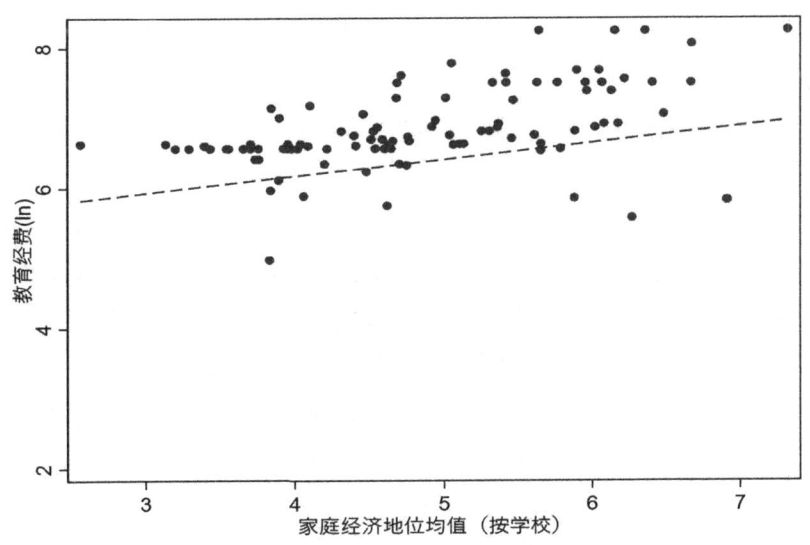

图 3 学校教育经费投入与学校学生家庭地位的关系

由图3可知,学校人均教育经费投入与学校平均家庭社会经济地位指标之间呈明显的正相关关系,即平均家庭经济地位越高的学校,生均教育经费投入水平也越高。从教育公平发展角度来看,学校教育投入不均衡是造成初中生教育发展不平等的重要原因之一。反之,如果政府加大对资源匮乏学校的经费投入和硬件建设,缩小学校教育资源差异,可能会减少学校因素造成的教育不平等问题。

由此可见,学校资源优势使得教育的阶层差异呈现扩大化趋势。这也间接地证实了优质教育资源强化了阶层出身在教育中的优势,因而学校不是复制而是扩大了教育不平等。

(3)学校优质资源能降低多子女家庭教育资源劣势

"兄弟姐妹数量"截距项为−0.07,说明兄弟姐妹数量越多,对个体教育发展的负面影响越大。这一证实了资源稀释理论所提及的兄弟姐妹数量的增加会导致有限的家庭教育资源被稀释,从而对个体教育发展带来不利影响(吴愈晓,2013;Downey,2001)。表4显示,学校层面的"违纪行为"和"教育经费"两个变量与"兄弟姐妹数量"变量之间的"跨层"效应具有统计显著性。具体来说,就读于"违纪行为"高发的学校,会进一步恶化"兄弟姐妹数量"对个体教育发展的负面影响。具体来说,当学校的"违纪行为"发生率处于平均水平时,"兄弟姐妹数量"对个体教育发展的边际效应为−0.07,而当学校"违纪行为"发生率平均水平提高1个单位的时,"兄弟姐妹数量"对教育发展的边际效应则为−0.12。我们用图形的形式呈现学校"违纪行为"特征对"兄弟姐妹数量"影响的"跨层"效应,详见图4。[①]

与学校"违纪行为"特征不同,学校"教育经费"对"兄弟姐妹数量"变量的效应值具有正向调节作用,即通过增加学校人均教育经费,推进教育资源均衡发展,可降低"多子女家庭"教育资源不足带来的不利影响,或者说在一定程度上弥补了多子女家庭的"教育资源"不足问题。以全部学校样本的经费投入均值为界,将学校划分"教育经费多的学校"和"教育经费少的学校"两个类别,并用图形展示两类学校中"兄弟姐妹数量"与"教育发展"之间的关系(见图5)。图5显示,增加学校"教育经费",能有效改善"兄弟姐妹数量"的负向斜率值。

虽然我国现阶段多子女家庭较少,但在当前国家实施"三孩政策"的情况

---

① 以"违纪行为"发生频率均值为界,将"违纪行为"发生频次大于均值的学校归为"违纪行为多"的学校,将违纪行为低于均值的学校归为"违纪行为少"的学校。

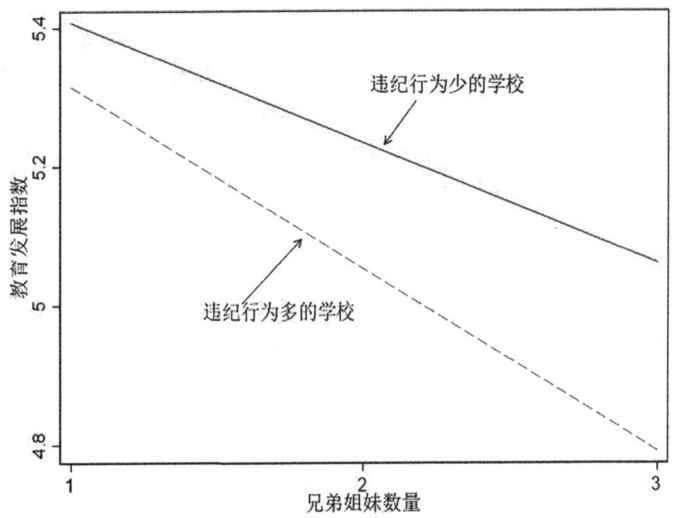

图 4　违纪行为与兄弟姐妹数量影响的"跨层"效应

下,考虑从学校层面来降低多子女家庭教育资源劣势仍具有重要意义。众所周知,随着对子女教育的重视程度增加,家庭对孩子教育投资也越来越大,教育成本增加对许多家庭构成巨大压力。已有多项社会调查表明,教育负担成为许多家庭不敢生育二孩的重要原因之一。因此,通过加大教育投入、改善教学环境,促进教育资源均衡发展,以此来平衡多子女家庭教育发展的不利影响,不仅有助于促进教育公平,也可能有利于"三孩"政策效果的提升。

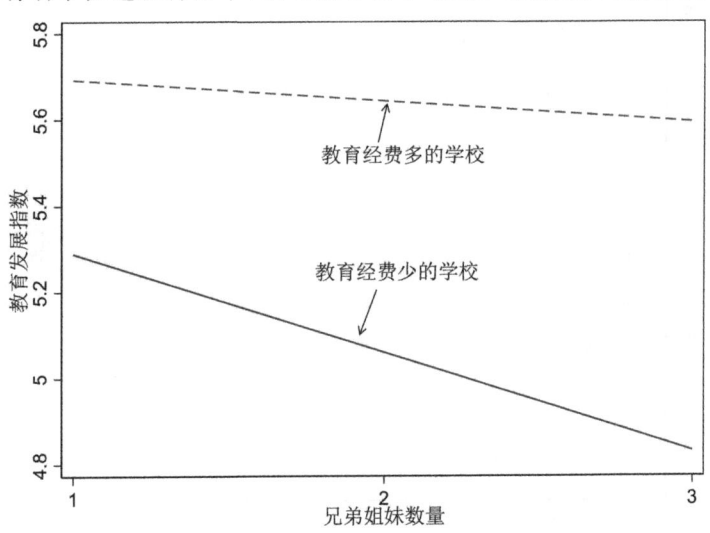

图 5　学校教育经费投入与兄弟姐妹数量的"跨层"效应

(4)学校优质资源能弥补单亲家庭教育中的劣势

在家庭结构中,"单亲父亲"家庭对子女教育发展有显著的负面影响。与单亲父亲一起生活的初中生教育发展水平则比双亲家庭平均低 0.24,这表明在单亲父亲家庭生活的初中生教育发展处于明显劣势。已有大量研究关注到单亲家庭子女的发展问题,并认为单亲家庭对子女成长不利(Amato,1990;Mcloyd,1998)。但从教育和学业表现来说,在单亲母亲家庭成长的子女与双亲家庭并没有显著差异(Blake,1981)。在单亲父亲和单亲母亲家庭成长的子女,其学业成绩发展上的差异可能源于生活中父亲和母亲在家庭抚育中的角色不同和分工上的差异。费孝通(2015)指出,家庭的"双系抚育"体系对子女成长具有优势,而优势产生的基础在于父母亲在子女抚育中的合理分工与合作(费孝通,2015)。在家庭分工中,女性通常承担着子女教育、学习等工作,而男性在子女的社会性发展方面做出更多贡献(吴愈晓,2018)。在母亲缺位的家庭,父亲不得不兼顾家庭内外事务,在子女教育中投入的时间和精力可能更少,从而不利于子代的教育发展。

"单亲父亲"截距项下的"跨层"效应表明学校"师资水平"对此有正向调节作用,在一定程度上降低了"单亲父亲"家庭对子女教育发展的不利影响。从图6可知,在"高师资"水平学校里,师资优势可明显改善"与父亲同住"初中生教育发展的不利处境。这再次表明,当学校优质资源获得均衡发展时,有助于改善劣势家庭子女教育发展的不利处境,促进教育公平。

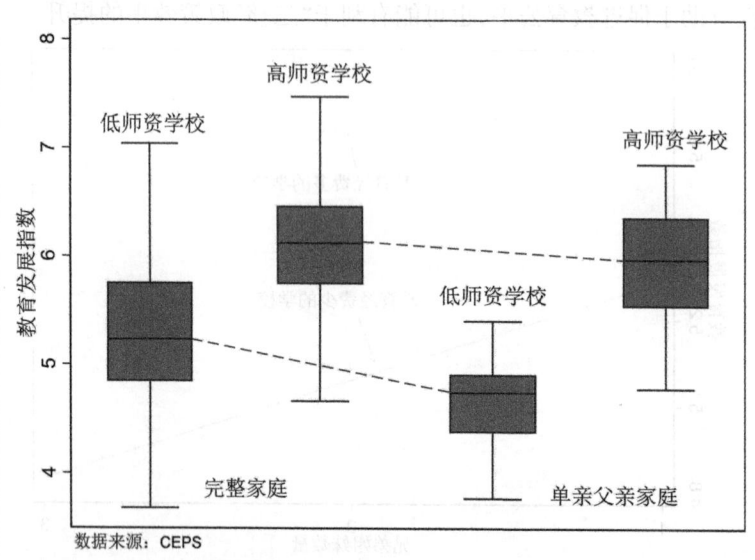

图6 学校师资特征对家庭结构的"跨层"调节效应

(5)优质生源有助于发挥"同侪效应"的正向影响

朋辈群体也是影响初中生教育发展的重要因素之一。表中数据显示,朋辈质量与教育发展指数之间的平均斜率为 0.008($p<0.001$)。这与以往的研究发现基本一致。例如,有研究发现,初中生学业发展受朋辈群体的影响可能比父母甚至比教师的作用都大。当初中生个体与遵守纪律、学习成绩优异的孩子为伴时,他也会努力提高成绩以便跟上周围的同伴[①]。反之,当初中生个体身边多数是不遵守纪律,学习成绩也不突出的玩伴时,其学业表现就会受到负面影响。此外,Giulia 及其合作者(2015)在一项针对小学学业成绩的追踪研究中发现,小学 3 年级的友谊质量较好地预测了 4 年级的学业成绩,朋辈质量越高,个体的学业表现也越好。在学校层面的因素中,优质"生源质量"对朋辈质量效应有积极的调节作用,即生源质量越高,越有可能促进"朋辈质量"对教育发展的正向影响(Zucchetti et al.,2015)。在教育实践,优质的学校往往能吸引更好的生源,而高质量生源反过来进一步促进了个体的教育发展。

此外,表 4 第二部分报告了随机效应估计结果。随机效应估计显示,总截距、亲子交流、家庭社会经济地位等随机效应仍具有统计显著性,这表明尚有其他有影响的因素未被纳入模型。受调查问卷和数据的限制,未被纳入考虑的因素期待今后研究被纳入。家庭文化资本、家庭结构、兄弟姐妹数量等变量的随机效应不再显著或处于边缘显著性水平,表明这些变量的变异性已经在学校层次得到了较好的解释,无须再寻找其他变量优化模型。最后,我们也对未纳入二层变量的初始模型与纳入二层变量后形成最终模型之间的解释能力进行了检验,结果显示最终模型对初始模型有显著改善。

五、结语

学校作为教育和文化再生产的重要结构,一直备受教育社会学研究者的广泛关注。已有研究通常关注学校教育的直接影响,很少从学校、家庭和个体综合性分析各自对青少年早期教育差异的影响(黄俊、董小玉,2017)。本文基于中国教育追踪调查(CEPS2014-2015)数据证实:①学校层面因素的直接影响主要体现在教育管理、优质生源、高水平师资、更多的教育投入和公办学

---

① Mehta,Angelee.(2019)How Friends Influence Your Child's Grades https://www.ectutoring.com/how-friends-influence-grades

校性质等因素直接促进了初中生的教育发展;②学校因素的"跨层"效应表明:优质教育资源有助于缩小教育中的性别差异,降低多子女家庭和单亲家庭子女的教育资源劣势,优质生源有助于强化教育中的同侪效应。由此可见,优质教育资源与优势阶层有选择性亲和关系时会放大教育的阶层差异,而当优质教育为所有阶层所共享时,学校教育可弥补家庭资源劣势以及家庭结构缺失等造成的不良影响。

当前,我国政府正围绕着学校教育资源均衡着手进行"学区房"改革和推进落实"双减"政策。可以预见,这一政策的实施将使更多弱势家庭获得学校教育利好。一方面,推进"学区房"改革使得教育资源更加均衡,当优质的教育资源与家庭经济资本之间的亲和关系减弱的时候,教育的不平等程度将会有所降低。另一方面,"双减政策"进一步让"教育资源"与"家庭经济资本"脱钩,让优质的教育资源重新回到学校,回归课堂,会进一步缩小教育差异。总之,只有学校优质的教育资源更加均衡分配,学校教育重新成为教育主阵地的时候,初中生的教育差异才能逐步缩小,教育发展才会日趋公平。

参考文献

戴思源,2018.大学扩招、重点学校与城乡高等教育不平等(1978 - 2014)[J].教育与经济(02):18 - 26.

费孝通,2015.乡土中国·生育制度·乡土重建[M].北京:商务印书馆.

黄俊,董小玉,2017.布尔迪厄文化再生产理论的教育社会学解读[J].高教探索 (12):35 - 40

科尔曼 J S,2019.科尔曼报告:教育公平研究之源[M].汪幼枫,译.上海:华东师范大学出版社.

李春玲,2006.流动人口地位获得的非制度途径——流动劳动力与非流动劳动力之比较[J].社会学研究(05):85 - 106.

李忠路,邱泽奇,2016.家庭背景如何影响儿童学业成就? ——义务教育阶段家庭社会经济地位影响差异分析[J].社会学研究,31(04):121 - 144,244 - 245.

马艳,杨晗,2020.学区房的教育级差地租及其不平等效应研究[J].财经研究,2020,46(05):37 - 51.

沈洪成,2020.如何打开黑箱? ——关于教育不平等的西方民族志研究及其启示[J].社会学研究,35(01):218 - 241,246.

吴愈晓,2013.中国城乡居民的教育机会不平等及其演变(1978—2008)[J].中国社会科学(03):4-21.

吴愈晓,2018.理解中国社会结构和阶层关系的新视角[J].社会学评论,6(1):93-94.

吴愈晓,2020.社会分层视野下的中国教育公平:宏观趋势与微观机制[J].南京师范大学学报(社会科学版)(04):18-35.

AMATO P R,2001. Children of divorce in the 1990s: an update of the Amato and Keith (1991) meta-analysis [J/OL]. Journal of Family Psychology: JFP: Journal of the Division of Family Psychology of the American Psychological Association (Division 43),15(3): 355-370. DOI:10.1037//0893-3200.15.3.355.

BLAKE J,1981. Family size and the quality of children[J]. Demography, 18(4): 421-442.

BLALOCK H M,BLAU P M,DUNCAN O D,1967. The American occupational structure[J]. American Sociological Review,33(2):296.

COHEN J A,1960. Coefficient of agreement for nominal scales [J]. Educational & Psychological Measurement,20(1): 37-46.

Downey B D,Condron D J,2016. Fifty years since the coleman report: rethinking the relationship between schools and inequality[J]. Sociology of Education,89(3): 207-220.

DOWNEY D B,2001. Number of siblings and intellectual development. The resource dilution explanation[J/OL]. The American Psychologist,56 (6-7): 497-504. DOI:10.1037//0003-066x.56.6-7.497.

LAREAU A,2015. Cultural knowledge and social inequality[J]. American Sociological Review,80(1):1-27.

MCLOYD V C,1998. Socioeconomic disadvantage and child development [J/OL]. The American Psychologist,53(2): 185-204. DOI:10.1037// 0003-066x.53.2.185.

PRODUCTS P,2009. Equally prepared for life? How 15-year-old boys and girls perform in school[J]. Sourceocde Economies mergentes,2009:76-88.

RAFTERY A E,HOUT M,1993. Maximally maintained inequality:

educational stratification in Ireland[J]. Sociology of Education, 65:41 – 62.

RAUDENBUSH S W, ESCHMANN R D, 2015. Does schooling increase or reduce social inequality? [J]. Annual Review of Sociology, 41(1):443 – 470.

ROWE E, PERRY L B, 2019. Inequalities in the private funding of public schools: parent financial contributions and school socioeconomic status [J]. Journal of Educational Administration and History, 52(2):1 – 18.

URQUIOLA M, 2016. Competition among schools: traditional public and private schools [M/OL]//HANUSHEK E A, MACHIN S, WOESSMANN L. Handbook of the Economics of Education. Elsevier: 209 – 237. https://www.sciencedirect.com/science/article/pii/B978044-463459700004X. DOI:10.1016/B978 – 0 – 444 – 63459 – 7.00004 – X.

WINKLER D R, 1975. Project on research in student learning. final report [R/OL]. (1975 – 08). https://eric.ed.gov/? id=ED113820.

ZUCCHETTI G, CANDELA F, SACCONI B, et al., 2015. Friendship quality and school achievement: a longitudinal analysis during primary school[J/OL]. Journal of Applied School Psychology, 31(4): 297 – 314. DOI:10.1080/15377903.2015.1084963.

School Characteristics based on HLM Model and
Educational Equity for Junior High School Students

Peng Dasong

Abstract: Based on the data of China Education Panel Survey (CEPS2014 – 2015), Propensity Score Matching model is used and based on the rematching data, to explore the relationship between school characteristics and the stratification of junior high school education, and to explore the influence mechanism of school factors on the early educational development of adolescents. The results show that the high-quality educational resources of the school have a direct role in promoting the development of individual education. After controlling the selective effect, the direct impact of high-quality resources has weakened, but there are still obvious positive effects; The analysis of the "cross-layer" effect shows that schools with high-quality resources indirectly affect educational development by regulating the role of personal and family factors, narrowing the gender gap in education, and weakening the educational resource disadvantages of children of multi-child families and single-parent families. In addition, high-quality "student quality" also strengthens the positive "peer effect" in school education; The selective affinity between quality educational resources in schools and social stratification factors such as the socioeconomic status of families is the main reason for the stratification of education in the early stages of adolescents. Promoting the balance of educational resources and reducing the cost of family education are conducive to promoting the equitable development of early education for adolescents.

Key words: school characteristics; education for junior high school students; replication effect; educational equity

从柔性预防到重典治乱：
我国食品安全违法治理的模式变革*

赖诗攀　陈奕醇**

　　摘　要：现有研究主要聚焦监管体制改革，并不直接指向违法行为治理，已有的政策文本分析也未能很好回答改革开放以来我国政府如何治理食品安全违法的问题。基于"预防过错—增加信息—强化惩处"的违法行为治理三要素框架，对《食品安全法》及其历次修订的内容分析发现，在食品行业产权结构和食品安全宏观形势的推动下，不同时期我国食品安全违法治理三大策略的运用力度有所不同，由此在治理模式上经历了柔性预防型、小惩大诫型、广搜博采型到重典治乱型的演进，最终形成了惩防并举的综合治理模式。同时，每个时期预防过错、增加信息和强化惩处的重点各有不同，整体治理思路经历了从预防到惩处，从柔性到刚性的转变。

　　关键词：食品安全；违法行为治理；预防过错；增加信息；强化惩处

一、引言

　　食品安全监管归根结底要落实到违法行为治理上。改革开放以来，我国政府食品安全监管职能的强化主要体现在法规政策体系建设和监管体制改革

---

　　* 基金项目：泉州市社科规划项目"泉州创建国家食品安全示范城市研究（2022C13）"

　　** 赖诗攀（1982—），男，博士，华侨大学政治与公共管理学院副教授。研究方向为国家治理、地方政府与官员行为、食品安全监管，E-mail：SPAN_LAI@163.COM；陈奕醇，中南大学公共管理学院硕士研究生。

上。前者通过制定规模庞大的法规政策体系，对食品生产经营、安全标准和安全风险监测和评估、安全事故处置、监督管理等方面做出明确规定，为我国食品安全监管提供制度保障；后者通过调整监管主体之间的权责分配，强化食品安全监管主体的履职能力。二者都有助于强化食品安全违法行为治理，因此成为学术研究的热点。然而，监管主体间权责的合理分配是食品安全监管的基础性条件，但它并不直接指向违法行为治理。由于分析框架和政策文本选择的差异，已有的政策文本分析也未能很好回答中国政府如何治理食品安全违法的问题。政府治理食品安全违法的策略首先体现在《食品安全法》①及其历次修订上。因此，本研究试图从违法行为治理三要素的角度，对《食品安全法》及其历次修订进行内容分析，从整体上回答中国政府如何治理食品安全违法的问题。

由于分析框架和研究设计的调整，本文呈现了不同于现有研究的我国食品安全违法行为治理模式及其变革图景。首先，在分析框架上，现有研究主要采用的是政策工具的分析思路，本研究直接以违法行为治理的三要素作为分析框架。其次，为避免不同政策文本的内容交叉和地位差别对研究结果的影响，本研究选择以《食品安全法》及其重要修订文本作为分析对象。最后，现有研究认为强制型策略是主导性策略，同时其比重逐渐收缩。本研究发现，我国食品安全违法行为的治理模式经历了柔性预防型、小惩大诫型、广搜博采型到重典治乱型的演进，最终形成了惩防并举的综合治理模式。强制型策略的比例并非逐渐收缩，而是经历了一个由低到高逐渐递升的过程。

二、文献述评

市场主体的逐利性，加上食品供应链环节众多造成的信息不对称，使得食品安全监管变得非常困难（Ritson and Mai，1985）。食品安全违法行为治理，既需要强有力的监管主体、充足的资源保障等基础性条件，也需要具体可操作的治理策略（赖诗攀、邱文峥，2021）。那么，在已有研究中，中国政府是如何强化食品安全监管的呢？

（一）监管体制改革研究

监管体制改革和法规政策体系建设是我国政府强化食品安全监管的两个

---

① 改革开放以来，我国制定颁布过多个版本的食品安全专门法律规范，称谓上有《食品卫生法》和《食品安全法》的不同，除非有必要指出，本文统称为《食品安全法》。

重要方向。食品安全监管体制主要包括三个部分：涉及同一级政府内部各机构间关系的横向监管体制、涉及上下级政府间关系的纵向监管体制和涉及政府与其他社会主体间关系的内外部监管体制。监管体制改革是对各监管主体间权责配置的调整，以优化我国食品安全监管的整体绩效。

在横向监管体制方面，由于分段监管体制容易造成权责不清，无法推动监管主体积极履职(王耀忠，2005；张晓涛、孙长学，2008；颜海娜，2009，2010；戚建刚，2011)，2013年我国启动了从分段监管到单一监管的体制改革，把分散在卫生、农业、质量监督、工商等部门的监管职能统一划归食品药品监督管理部门，建立起了集中统一的横向监管体制。

由于食品品类众多，食品安全检测的专业性强，因此监管的覆盖面和检测水平对食品安全监管至关重要(胡颖廉，2016)。在国务院的"松绑"下，2014年后各省市从监管覆盖面和执法专业化的优化配置这两方面进行探索，形成了各具特色的地方政府监管模式，呈现了不同的监管成效(胡颖廉，2016；王广平等，2016；刘鹏等，2018；詹承豫，2019)。最终，通过总结地方实践经验，中央政府在2018年的机构改革中撤并了原有的工商、质检和食药监部门，组建了新的国家市场监督管理总局来统筹食品安全监管。至此我国食品安全横向监管体制走过了分段监管、单一监管到综合执法管理的历程，形成了"大市场＋专药品"的食品安全监管格局。

在纵向监管体制方面，为维持统治风险与地方分权之间的平衡，经历反复调整后，我国食品安全监管体制逐渐由垂直管理走向属地管理(曹正汉、周杰，2013；周黎安，2014；刘鹏等，2018；王广平等，2018)。事实上，无论央地权责如何重构，我国食品安全纵向监管体制的内核依然是集权的，考虑的无非是如何实现中央把控全局和调动地方积极性的统一(丁煌、孙文，2014)。

在与外部主体的关系上，政府积极调整与媒体、行业协会、消费者等主体的关系，试图缓解政府、社会与市场之间信息不对称的问题(邓刚宏，2015；谢康等，2017)。通过赋予社会主体信息权、监管权、检测权、检举权等方式，来构建多元共治的食品监管体系。

诚然，监管主体间权责的合理分配是履行好食品安全监管职能的基础性条件，但主体之间的权责分配，并不直接指向食品安全违法行为的治理。它解决的是"谁来治理"的问题，而非"如何治理"的问题。

(二)食品安全政策文本分析

中国政府如何治理食品安全违法？回答这一问题，仍须聚焦直接与违法行为治理相关的法规政策体系。已有研究主要从政策工具的视角,以中央政府出台的各类政策文本为样本进行内容分析,试图厘清我国食品安全监管的政策脉络。由于分析思路的差异,它们的研究发现也有所不同。

关于政策工具或监管方式的分类,有研究分为强制类、激励类、能力类、价值类和创新类(倪永品,2017),也有研究分为强制类、激励类、信息类(徐国冲、田雨蒙,2021),或者分为强制型、激励型、能力建设型与象征劝诱型(霍龙霞、徐国冲,2020)。在研究发现上,有研究发现强制类工具在我国食品安全监管中始终占主导地位,政策工具之间正逐步趋于平衡(徐国冲、田雨蒙,2021);也有研究发现,政策工具之间存在结构失衡:强制型监管供给过溢,激励型监管、能力建设型监管供给不足,而且呈现出强制性、对抗型监管渐次收缩,柔性、协同性元素稳步扩张的趋势(霍龙霞、徐国冲,2020)。

此外,已有研究并未区分工作文件、规章规定和法律文本等政策文本,未关注不同政策文本的内容交叉和地位差异可能带来的影响。且它们分析的政策文本的内容较为广泛,并不完全聚焦食品安全违法行为治理这一具体问题。因此,未能很好地回答本文关注的"中国政府如何治理食品安全违法"的问题。

就实际的食品安全监管效力而言,《食品安全法》是最重要、最具影响力的政策文本。《食品安全法》及其修订内容体现了我国政府对食品安全违法行为治理的整体思路。因此,本研究基于对《食品安全法》及其修订内容的文本分析,试图从整体上呈现不同时期中国政府食品安全违法行为治理模式的变迁。

三、分析框架与研究设计

(一)分析框架

已有的政策文本分析覆盖面较广,囊括了食品安全监管体制、人员配备、资源分配、违法行为治理等方面的政策。与之不同,本研究只关注食品安全违法行为治理的问题。

在问题结构上,违法行为治理与问责相似。根据谢尔德(Schedler)的界定,问责指的是"当 A 有义务告知 B 关于 A(过去或将来)的行动和决定,并为它们辩护,一旦出现不当行为则将遭受惩罚,A 就是对 B 负责的"(Schedler,1999)。已有文献据此总结出问责的三要素:不当行为、信息与惩罚(赖诗攀,2014)。相应地,违法行为的治理过程也应包括这三个基本要素:一是违法行为;二是执法者获取违法行为信息;三是执法者对违法者实施惩罚。可见,违法行为治理的最优策略是预防过错,避免经营者发生违法行为,防患于未然。如果这一策略奏效,就可以避免所有违法行为的发生。当然,这只是理想状况,现实中违法行为还是会发生。此时,获取违法行为信息就是违法行为治理最重要的工作,然后才是对违法行为实施惩罚。其中,获取信息是实施惩罚的前提,而实施惩罚则是获取信息的主要目的。

在实际的食品安全监管过程中,由于食品安全的高风险性和社会敏感性,食品安全监管的最优目标是预防违法事件的发生,政府采取的主要方式是设立准入门槛、劝谏教育等。然而现实中仍有部分生产者在利益驱使下铤而走险、实施违法行为。此时,政府往往通过食品溯源、机关报告、社会举报等方式搜集食品安全违法的相关信息,并在第一时间对违法者做出严厉惩处,以震慑其他食品生产者。从食品安全监管的这一实践过程可以看出,预防违法行为的发生、获取违法行为的信息和对违法行为者实施惩罚,是食品安全违法行为治理的三个基本要素,都可以在一定程度上起到治理违法行为的作用。我们据此建立"预防过错—增加信息—强化惩处"的分析框架,将食品安全违法的治理策略划分为这三类,并对《食品安全法》及其历次重要修订进行内容分析,描绘不同时期我国政府食品安全违法行为治理策略和模式演进。

(二)政策文本选择

新中国成立以来,我国颁布了多个版本的食品安全卫生法。此外,在中央层面还有 27 份关于食品安全领域的实施条例和补充性规定,地方层面的法规和政策则更加庞大。本研究选择《食品安全法》及其修订、相应的实施条例进行内容分析(见表1),来刻画不同时期我国政府治理食品安全违法的整体策略,其原因有四:首先,《食品安全法》是针对食品安全监管的专门性法律,《食品安全法》的历次修订及其实施条例既是对上一阶段所反映出的食品安全监管突出问题的回应,也是对下一阶段食品安全监管工作重心的整体部署,它们可以反映我国政府食品安全违法行为治理的整体策略和思路。其次,食品安全监管方面的其他法规和政策,大多是《食品安全法》的落实和具体化。《食品安全法》和其他具体法规、政策的地位、作用和影响力差异较大,不宜等同视之。再者,《食品安全法》和其他法规、政策的内容难免交叉重叠,放在一起进行统计分析可能影响结果的准确性。最后,《食品安全法》的法条由 1982 年《食品卫生法(试行)》的 45 条增加到了《食品安全法》(2018)的 154 条,历次修订内容繁多,为本研究的内容分析提供了足够丰富的素材。

表1 《食品安全法》及其修订文本

发文日期	发文字号	法律文件名称
1982/11/19	全国人大常委会令第12号	《中华人民共和国食品卫生法(试行)》
1995/10/30	国家主席令第59号	《中华人民共和国食品卫生法》
2009/6/1	国家主席令第9号	《中华人民共和国食品安全法(2009年修订)》
2009/7/20	国务院令第557号	《中华人民共和国食品安全法(2009年修订)实施条例》
2015/4/24	国家主席令第21号	《中华人民共和国食品安全法(2015年修订)》
2016/2/6	国务院令第666号	《中华人民共和国食品安全法(2015年修订)实施条例》
2018/12/29	国家主席令第22号	《中华人民共和国食品安全法(2018年修订)》
2019/10/11	国务院令第721号	《中华人民共和国食品安全法(2018年修订)实施条例》

(三)变量的概念化与操作化

如前所述,本文将食品安全违法的治理策略分为预防过错、增加信息和强化惩处三类,并以此作为分析框架。相关概念的概念化和操作化见表2。

表2 食品安全治理策略及二级指标

策略	二级指标	具体含义
预防过错	思想宣传教育	要求宣传食品安全理念,提升公共认知
	设立卫生标准	规定食品生产经营的相关条件与门槛
	设立要求性条约	设置"应当""必须""禁止"的条款
	许可证颁发制度	制定卫生许可证颁发的标准与方式
增加信息	定期抽检	要求监管部门通过抽查方式采集食品信息
	建立信息收集机制	要求推动食品信息追溯等平台建设
	其他机关报告介入	要求其他部门向监管部门反馈信息的条款
	扩大社会监督	鼓励社会团体或个人举报反馈食品问题
强化惩处	设立处罚标准	根据新形势增设违法处罚条款
	提升惩处力度	根据新形势提高原有的处罚标准

预防过错。想要防患未然,在过错发生之前进行规避,既要让经营者知道什么是违法行为,也要让经营者具备不犯错的资质或基础条件。因此,预防过错的具体措施主要包括设立卫生标准、设立要求性条约、加强思想宣传教育、制定安全许可证的颁发制度等。这些也是《食品安全法》预防食品安全违法行为的主要方式。

增加信息。食品安全监管信息既包括违法行为信息,也包括查处违法行为所需要的产品信息、生产数据和企业信息等。搜集方式包括主动收集和被动收集两种。在《食品安全法》中,主动收集指监管部门通过定期抽检、建立信息收集系统等手段收集食品生产信息,被动收集指通过社会监督、其他机关(医院、公安)介入与报告等方式获得食品安全信息。

强化惩处。在食品安全违法行为发生后,监管部门需要第一时间对违法行为实施惩罚,对潜在违法者形成震慑。在《食品安全法》中,强化惩处,既包括设立或增加处罚的方式,也包括处罚力度的强化。

为了便于标识,本研究以食品安全法修订时间节点来指代修订的法律文本。如1982年《食品卫生法(试行)》作为初始参照文本用"1982"来标记,1995年《食品卫生法》相对于1982年《食品卫生法(试行)》的修订内容用"1995"来标记,法律的实施条例内容则一并纳入该次修订的法律中考虑。经过文本校对,共划分为"1982""1995""2009""2015""2018"五个分析节点。

据此,我们以预防过错、增加信息、强化惩处三类治理策略作为 X 轴,以食品安全立法与修订的时间节点作为 Y 轴,构建了食品安全违法行为治理的法规文本分析框架(见图1)。

(四)政策文本编码

分析单元是内容分析中的重要元素,它可以是词、句或者段落等。本研究以《食品安全法》及其历次修订内容作为分析样本。在法律文本中,每一条法律文本都自成一体,因此本研究将文本中的法律条文作为基本的分析单元。为聚焦食品安全违法行为治理这一问题,本研究剔除了针对监管部门权责分配、执法人员配备、资源分配等其他方面的条文,仅保留直接指向食品安全违法行为治理的条文进行编码。

本研究以1982年11月19日颁布的《中华人民共和国食品卫生法(试行)》作为初始分析文本,按照分析框架对该法律文本进行归类编码(范例见表3)。继而,通过对比修订文本与上一个版本的差别进行逐次分析,将增加的修订条目整理归纳形成分析单元集合文本,随后对集合文本进行归类编码、统计

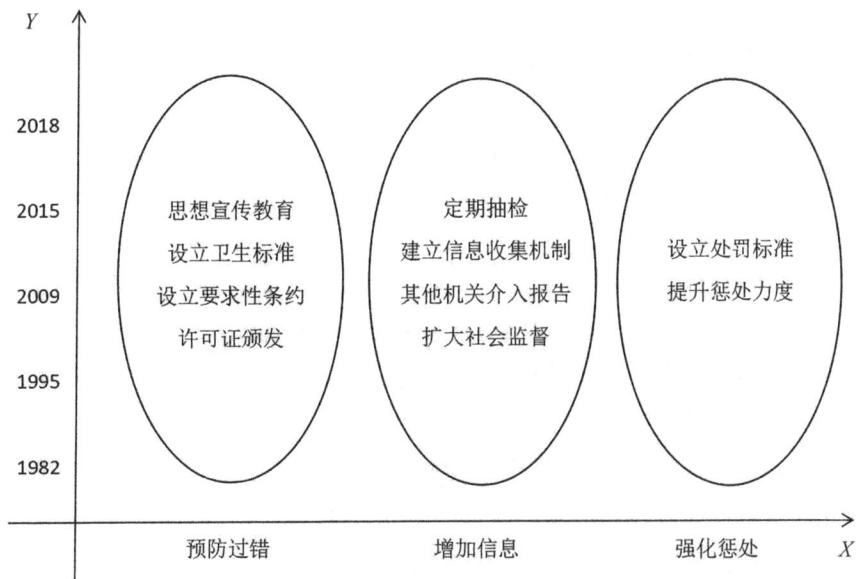

图 1 法规文本分析框架

分析,以呈现食品安全违法行为治理策略的变迁情况。最终总计形成了 149 个分析单元集合文本。

表 3 初始文本归类编码表

法规名称	分析单元	归类
	第六条 食品生产经营过程必须符合下列卫生要求:"(一)保持内外环境整洁,采取消除苍蝇、老鼠、蟑螂和其他有害昆虫及其孳生条件的措施……"	预防过错——设立卫生标准
	第七条 禁止生产经营下列食品:"(一)腐败变质、油脂酸败、霉变、生虫、污秽不洁、混有异物或者其他感官性状异常,可能对人体健康有害的……"	预防过错——设立要求性约约
1982 年《中华人民共和国食品卫生法(试行)》	第三条 凡在中华人民共和国领域内从事食品生产经营的,都必须遵守本法。对违反本法的行为,任何人都有权检举和控告。	增加信息——扩大社会监督
	第三十七条 对违反本法情节较重的,食品卫生监督机构可以给予以下行政处罚:(一)警告并限期改进;(二)责令追回已售出的禁止生产经营的产品……	强化惩处——设立处罚标准

（五）信效度检验

本研究根据已有文献提出的文本编码信度检验公式,对主编码员完成的法律变迁文本进行信度检验,公式如下:

$$信度 = \frac{相同编码数量}{相同编码的数量+不相同编码的数量} \times 100\%$$

首先,对编码的信度进行检验。具体方法是将未编码的 149 份分析单元样本,交由另一位编码员按照归类划分类别进行编码,随后将其编码结果与主编码员的编码结果进行对比,统计两位编码员编码的相同数量和不同数量,并用信度检验公式进行计算,得到的信度为 95.97%。

其次,对编码的内部一致性进行检验。具体方式为在第一周将 149 份分析单元样本进行编码,随后每隔一周对 149 份分析单元进行重新编码检验,计算的内部一致性分别为 91.95%、93.39%、95.30%,最终内部一致性检验达到了 98.66%。

从检验结果来看,无论是编码员之间的信度检验,还是主编码员自己的内部一致性检验,都超过了 90% 的基本标准,说明主编码员的编码信度是可以接受的。

余红(2004)指出要从样本选取状况、类目构建与编码等方面去判断内容分析法的信效度。首先,如前所述,本研究以《食品安全法》及其历次修订文本(共 8 份)为政策文本进行内容分析,具有一定的准确性和代表性。其次,本研究基于违法行为治理的三要素来构建分析框架,以满足类目框架"周延互斥"的要求。同时,在具体条文的归类中,本文分析的 149 条法律文本均能被分别归类到预防过错、增加信息和强化惩处这三个类目中的一类,未出现相互交叉的情况。最后,在对研究内容归类编码之前,编码员已对我国食品安全领域的法律法规及制度变迁情况进行系统学习,同时对编码结果进行经验和逻辑上的充分验证,能够较好地把握法律文本的基本内容。

四、我国食品安全违法治理的模式沿革

编码结果显示(见表 4),1982 年颁布的最初版本的《食品卫生法(试行)》中,涉及违法行为治理的条目总量只有 16 条,1995 年版本也只增加了 17 条。2009 年和 2015 年两个版本增加的条目数量分别为 59 条和 44 条,远高于其他

阶段,意味着这两个阶段是我国食品安全违法行为治理法规的全面建设时期。2018 年的《食品安全法》修订则主要反映大市场监管体制改革的内容,修订了监管主体及其权责划分,具体的食品安全违法行为治理策略上的变化不大。根据预防过错、增加信息和强化惩处这三大策略比重的不同组合,可以大致梳理出不同时期我国政府的食品安全违法行为治理模式。

表 4 《食品安全法》及其历次修订版本中三大治理策略条目的变化情况

时间段	预防过错	增加信息	强化惩处	总计
1982	9	4	3	16
1995	4(13)	1(5)	12(15)	17(33)
2009	13(26)	31(36)	15(30)	59(92)
2015	17(43)	9(45)	18(48)	44(136)
2018	3(46)	5(50)	5(53)	13(149)

注:括号内为累计条目数,括号外为该版本新增条目数。

柔性预防型(1982—1995)。在 1982 年最初版本的 16 条违法行为治理法规中,预防过错类的法规占了 9 条,而其他两大策略的法规一共只占 7 条。这说明在改革开放之初,我国政府治理食品安全违法的主要策略是防患未然,希望通过加强思想教育宣传、设立卫生标准、设立要求性条约和实施许可证制度等柔性方法,避免食品安全违法行为的发生。我们把这一时期的治理模式称为柔性预防型。

小惩大诫型(1995—2009)。在 1995 年的修订版本新增的 17 条违法行为治理法规中,强化惩处类的法规占到了 12 条,其中设立处罚标准的法规有 11 条,而预防过错类只占 4 条,增加信息类仅占 1 条。说明这个时期,食品安全违法行为治理策略的变革重点是强化惩处,试图通过设立惩罚标准以达到震慑潜在违法行为的作用。相较于后期(2015 年版),这一阶段惩罚的力度较小,我们把这一时期的治理模式称为小惩大诫型。

广搜博采型(2009—2015)。2009 年的修订增加的违法行为治理条目最多,新增了 59 条。在这 59 条中,增加信息类法规占到了 31 条,其中建立信息收集机制类的法规有 25 条,而预防过错类和强化惩处类的法规分别只占 13 条和 15 条。说明这一时期,我国食品安全违法治理策略的变革重点是通过建立信息搜集机制,大力搜集食品安全监管的信息。我们把这一时期的治理模式称为广搜博采型。

重典治乱型(2015—2018)。在2015年的修订增加的44条违法行为治理条目中,强化惩处类的法规占到了18条,而预防过错类和增加信息类法规也分别占到了17条和9条。进一步考察强化惩处的条目内容发现,除了设立处罚标准外,此次修订大幅强化了各类食品安全违法行为的惩处力度。说明这个阶段我国政府的主要治理策略变成"重典治乱",试图通过强化惩罚力度来震慑潜在违法行为。我们把这一时期的治理模式称为重典治乱型。

惩防并举型(2018至今)。与之前的修订版本不同,2018年的修订中预防过错、增加信息和强化惩处三类治理工具增加得比较均衡,分别增加了3条、5条和5条,而且三类法规的总量也较为均衡,分别累积到了46条、50条和53条。说明食品安全违法行为治理的法规建设已经趋于完善,形成了惩防并举的综合治理模式。

不同时期,三种策略各自的重点有所不同(见表5)。从1982年的最初版本到历次重大修订中,预防过错的重点经历了设立要求性条约(1982年、1995年)、制定许可证制度(2009年),到设立卫生标准(2015年)的变化;增加信息的重点从扩大社会监督(1982年、1995年)变成了建立监管信息收集机制(2009年、2015年、2018年);强化惩处的重点经历了设立处罚标准(1982年、1995年)、提升惩处力度(2009年)、二者并重(2015年),又回到设立处罚标准(2018年)的变化。

纵观改革开放以来,我国政府食品安全违法治理策略在预防过错、增加信息和强化惩处三种策略间的整体演进以及三者内部重心的演进发现,我国政府食品安全违法行为治理思路整体上经历了从预防到惩处,从柔性到刚性的转变。

表5 食品安全法及其历次修订版本中三大治理策略二级指标条目的变化情况

治理策略	二级指标	1982	1995	2009	2015	2018
预防 过错	加强思想教育宣传	0	0(0)	2(2)	2(4)	0(4)
	设立卫生标准	1	1(2)	0(2)	11(13)	2(15)
	设立要求性条约	8	3(11)	4(15)	2(17)	1(18)
	制定许可证制度	0	0(0)	7(7)	2(9)	0(9)

（续表）

治理策略	二级指标	1982	1995	2009	2015	2018
	加强定期抽检	1	0(1)	0(1)	0(1)	1(2)
增加	建立信息收集机制	0	0(0)	25(25)	6(31)	4(35)
信息	扩大社会监督	2	1(3)	4(7)	2(9)	0(9)
	其他机关介入与报告	1	0(1)	2(3)	1(4)	0(4)
强化	设立处罚标准	3	12(15)	1(16)	11(27)	5(32)
惩处	提升惩处力度	0	0(0)	14(14)	7(21)	0(21)

注：括号内为累计条目数，括号外为该版本新增条目数。

五、治理模式的演变逻辑

以上分析表明，改革开放以来我国食品安全违法行为的治理模式经历了柔性预防型、小惩大诫型、广搜博采型到重典治乱型的演进，最终形成了惩防并举的综合治理模式。这一演变很大程度上受到了市场化改革带来的食品行业产权结构的变化，以及宏观食品安全形势特别是重大食品安全事件的影响。

（一）柔性预防型

新中国成立以后，食品工业作为国家重点投资行业，在"三大改造"中基本实现了单一公有制，食品生产、流通和销售等环节都受到国家计划的管控。计划经济体制下公有制绝对主导的行业产权结构，使得食品安全违法行为的发生缺乏市场主体的逐利性这一重要驱动因素。该时期食品安全问题的主要原因是卫生条件太差、食品安全标准不明确以及公众食品安全知识的缺乏。因此，除了改善卫生条件外，这一阶段政府食品安全治理的主要任务是解决食品安全的认知问题。

1982 年颁布的《食品卫生法(试行)》主要通过设立要求性条约，即设置"应当""必须""禁止"等食品安全条款，让经营者了解食品安全违法的情节和确保食品安全的方法，以此来防止食品安全违法问题的发生。因此，改革开放之初我国政府治理食品安全违法的治理模式仍是柔性预防型。

（二）小惩大诫型

改革开放以后，单一公有制的食品生产经营局面被打破。个体户、私营企业等多种所有制的食品经营单位蓬勃发展。随着市场的开放和竞争的日益激烈,部分食品经营单位为了追求更高的经济效益选择铤而走险,违规添加食品添加剂或生产不达标食品,造成了食品安全事故的大量增加。据统计,1985年全国食物中毒人数为 76 213 人次,而 1987 年全国食物中毒人数高达 89 827人次(《中国卫生年鉴》1992 年)。

此时,柔性预防型治理策略难以起到震慑潜在违法行为的作用。面对严峻的食品安全形势,1995 年《食品卫生法》在 1982 年《食品卫生法(试行)》基础上强化了对食品安全违法的惩处,具体规定了各类食品生产经营违法行为的惩处标准,如生产经营不合格食品的处以违法所得一倍以上五倍以下的罚款;造成了食物中毒的企业或个人应承担民事赔偿责任等。通过明确惩处标准,使得监管部门可以依法惩治食品安全违法行为。相对而言(相对 2015 年版),这一阶段的违法处罚力度不强,但也起到了一定的训诫作用,因此食品安全违法治理的模式为小惩大诫型。

(三)广搜博采型

2000 年我国食品工业总产值达到 3 万亿人民币,成为我国国民经济的第一大产业。2001 年我国加入世贸组织,经济进一步开放,更多生产经营者进入食品市场。食品工业产值在 GDP 增长中占了很大比重,是地方经济的重要支柱。为保护地方产业,地方监管部门往往对本地企业的食品安全违法行为未予重视。因此,在此期间我国重大食品中毒事故数和死亡人数不断上升(见图2)。

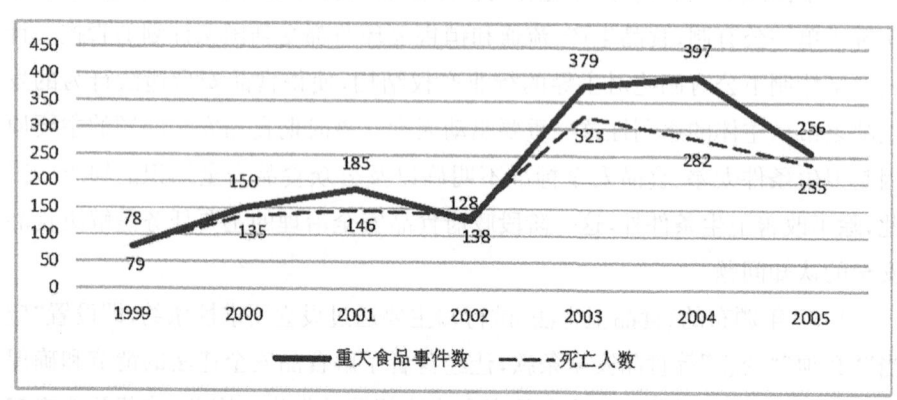

图 2　1999—2005 年重大食品事故数与死亡人数①

---

① 数据来源于:《中国卫生年鉴》(2000 - 2006)。

违法行为惩处的实施以获取违法信息为前提。1995 年版的《食品卫生法》虽然强化了违法行为惩处，但信息搜集机制非常薄弱，无法起到有效震慑违法行为的作用。因此，2009 年的《食品安全法》大量增加了建设食品监管信息收集机制的条款。例如建立国家食品安全风险监测制度、风险评估制度、进货查验记录制度等。这一阶段我国政府试图通过强化信息搜集为食品安全违法惩处奠定基础，因此食品安全违法治理的模式为广搜博采型。

（四）重典治乱型

在 2009 年的《食品安全法》大量增加信息收集机制的基础上，总结各类重大食品安全事件的惨痛教训后，中央决定采取"重典治乱"的策略来治理食品安全违法。2012 年国务院年颁布的《国务院关于加强食品安全工作的决定》要求"坚持重典治乱，始终保持严厉打击食品安全违法犯罪的高压态势，使严惩重处成为食品安全治理常态"。在高压态势下，重大食品安全事故数呈断崖式下跌。2010 年卫生部通报全国重大食物中毒事故数为 7 起，2011 年为 2 起，说明严厉的惩处有效遏制了食品安全违法的发生。

值得注意的是，虽然 2015 年《食品安全法》中"预防过错"的条目总量和增加量与"强化惩处"的条目总量和增加量相差不大，但两者在实际食品安全监管中所发挥的作用却差别巨大。新增的 17 条预防过错类策略主要以宣教性质的法条为主，对该时期的食品安全监管形势影响十分有限，而新增的 18 条强化惩处类策略则主要以问责处罚的法条为主，大幅度提高食品违法的惩处力度，部分违法行为的罚款下限飙升到了原来的 25 倍甚至 50 倍。这一做法重塑了食品安全违法成本，重新分配了基层执法注意力，对该时期的食品安全形势产生了重大影响（赖诗攀、邱文峥，2021）。两相权衡下，我们认为强化惩处是该阶段治理模式的主要特征。因此，这一阶段我国食品安全违法治理的模式应是重典治乱型。

（五）惩防并举型

2018 年版本的《食品安全法》的修订不再以违法行为治理策略为重心。预防过错、增加信息和强化惩处三个治理策略增加的条目数量差别不大且都不超过 5 条。说明经过四十几年的建设，三个治理策略的法规数量趋于均衡，食品安全违法行为治理的法规体系建设日臻完善，最终形成了惩防并举的治理模式。

六、结论与讨论

基于违法行为治理三要素建立"预防过错—增加信息—强化惩处"的分析框架,本研究对《食品安全法》及其历次修订进行内容分析,试图从整体上刻画不同历史阶段,我国政府治理食品安全违法的整体策略和模式变革。

研究发现,在食品行业产权结构和食品安全宏观形势的推动下,不同阶段我国食品安全违法治理三大策略的运用力度有所不同,由此在治理模式上经历了柔性预防型、小惩大诫型、广搜博采型到重典治乱型的演进,最终形成了惩防并举的综合治理模式。

其间,预防过错的重点经历了设立要求性条约、制定许可证制度,到设立卫生标准的变化;增加信息的重点从扩大社会监督变成了建立监管信息收集机制;强化惩处的重点经历了设立处罚标准、提升惩处力度、二者并重,又回到设立处罚标准的变化。整体治理思路经历了从预防到惩处、从柔性到刚性,即从柔性预防到重典治乱的转变。

本研究具有一定的潜在贡献。首先,已有研究或聚焦监管体制改革,或从政策工具的视角提出分析框架。而本研究基于违法行为治理三要素,提出食品安全违法行为治理的预防过错、增加信息和强化惩处三大策略作为分析框架。这一思路有助于聚焦食品安全违法行为治理的操作层面,回答好违法行为治理策略的问题。

其次,已有政策文本分析以各类中央政策文本为样本进行统计分析,研究结果可能受到政策内容交叉重叠和政策影响力差别的影响。本研究聚焦反映我国政府整体治理思路的《食品安全法》及其重要修订文本,以具体法规条目为计量单位进行分析。这一设计有助于从整体上回答我国政府如何治理食品安全违法的问题,并对现有研究构成补充。

最后,由于分析框架和研究设计的不同,本文呈现了不同于现有研究的我国食品安全违法行为治理策略及其变革图景。就治理策略或工具的结构而言,现有研究认为强制型策略占据主导地位,同时比重逐渐收缩(倪永品,2017;霍龙霞、徐国冲,2020;徐国冲、田雨蒙,2021)。本研究发现,在聚焦违法行为治理的情况下,由于国有制主导下食品行业市场逐利性的缺乏,强化惩处的强制型策略在改革开放之初并不是主导策略。相反地,具有较大理想主义色彩的预防过错类策略才是主要策略。在后续演化中,每个阶段各有侧重,治理模式经历了柔性预防型、小惩大诫型、广搜博采型到重典治乱型的演进，逐渐形成较为均衡的结构。强制型策略也并未出现比例收缩的状况，而是经历了一个由低到高逐渐递升的过程。

限于内容分析法的局限，本研究仅从食品行业产权结构和食品安全宏观形势特别是重大食品安全事件的角度对治理模式的演进进行初步解释。具体治理工具选择与变迁的逻辑，不同治理工具的搭配对食品安全形势的影响等问题，仍待后续研究进一步讨论。

参考文献

曹正汉，周杰，2013.社会风险与地方分权——中国食品安全监管实行地方分级管理的原因[J/OL].社会学研究，28(1)：182-205，245.DOI：10.19934/j.cnki.shxyj.2013.01.009.

邓刚宏，2015.构建食品安全社会共治模式的法治逻辑与路径[J/OL].南京社会科学(2)：97-102.DOI：10.15937/j.cnki.issn1001-8263.2015.02.014.

丁煌，孙文，2014.从行政监管到社会共治：食品安全监管的体制突破——基于网络分析的视角[J].江苏行政学院学报(1)：109-115.

胡颖廉，2016.统一市场监管与食品安全保障——基于"协调力—专业化"框架的分类研究[J].华中师范大学学报(人文社会科学版)，55(2)：8-15.

霍龙霞，徐国冲，2020.走向合作监管：改革开放以来我国食品安全监管方式的演变逻辑——基于438份中央政策文本的内容分析(1979—2017)[J].公共管理评论，2(1)：68-91.

赖诗攀，2014.权力配置、问责与地方政府食品安全监管履职：争论与检验[J].公共行政评论，7(1)：120-142，181.

赖诗攀，邱文峥，2021.重典何以治乱？对强化食品安全违法惩罚力度效应的个案研究[J/OL].中国行政管理(4)：14-21.DOI：10.19735/j.issn.1006-0863.2021.04.02.

刘鹏，刘嘉，李和平，2018.综合吸纳专业：放管服背景下的食药安全监管体制改革逻辑[J].华南师范大学学报(社会科学版)(6)：100-108，190-191.

倪永品，2017.食品安全、政策工具和政策缝隙[J/OL].浙江社会科学(2)：66-74，157-158.DOI：10.14167/j.zjss.2017.02.006.

戚建刚，2011.我国食品安全风险规制模式之转型[J].法学研究，33(1)：33-49.

王广平,魏美亮,夏萍萍,等,2016.食药监机构改革进程中的监管模式对比研究[J/OL].中国药事,30(12):1215-1221.DOI:10.16153/j.1002-7777.2016.12.008.

王耀忠,2005.食品安全监管的横向和纵向配置——食品安全监管的国际比较与启示[J/OL].中国工业经济(12):64-70.DOI:10.19581/j.cnki.ciejournal.2005.12.009.

谢康,刘意,赵信,2017.媒体参与食品安全社会共治的条件与策略[J/OL].管理评论,29(5):192-204.DOI:10.14120/j.cnki.cn11-5057/f.2017.05.018.

徐国冲,田雨蒙,2021.食品安全政策工具选择的类型特点与变迁逻辑:基于政策文本的内容分析[J].中国公共政策评论,18(1):101-124.

颜海娜,聂勇浩,2009.制度选择的逻辑——我国食品安全监管体制的演变[J].公共管理学报,6(3):12-25,121-122.

颜海娜,2010.我国食品安全监管体制改革——基于整体政府理论的分析[J].学术研究(5):43-52,160.

余红,2004.新闻内容分析的信度和效度[J/OL].华中科技大学学报(社会科学版)(4):107-110.DOI:10.19648/j.cnki.jhustss1980.2004.04.027.

詹承豫,2019.中国食品安全监管体制改革的演进逻辑及待解难题[J/OL].南京社会科学(10):75-82.DOI:10.15937/j.cnki.issn1001-8263.2019.10.010.

张晓涛,孙长学,2008.我国食品安全监管体制:现状、问题与对策——基于食品安全监管主体角度的分析[J].经济体制改革(1):45-48.

周黎安,2014.行政发包制[J/OL].社会,34(6):1-38.DOI:10.15992/j.cnki.31-1123/c.2014.06.001.

RITSON C,MAI L W,1998. The economics of food safety[J/OL]. Nutrition & Food Science,98(5):253-259.DOI:10.1108/00346659810224163.

HUBERMAN A M,MILES M B,1994. Qualitative data analysis:a sourcebook of new methods[M]. Sage Publications.

MILES M B,HUBERMAN A M,1994. Qualitative data analysis(2nd edition)[M]. Thousand Oaks,CA:Sage.

SCHEDLER A. Conceptualizing accountability[M]//SCHEDLER A,et al.(eds). The self-restraining state:power and accountability in new democracies. Boulder: Lynne Rienner Publishers,1999: 17.

From Gentle Prevention to Severe Punishment:

A Transformation of China's Food Safety Violation Governance Style

Lai Shipan   Chen Yichun

Abstract: The literature focuses on the reform of the regulatory system, does not directly directly address the governance of food safety violations, and the analysis of existing policy texts does not provide a good answer to the question of how the Chinese government has dealt with food safety violations since the reform and opening up. Based on the three-factor framework of "preventing faults — increasing information — strengthening punishment", an content analysis of the Food Safety Law of the People's Republic of China and its successive amendments reveals that, driven by the property right structure of the food industry and the macro situation of food safety, Since the reform and opening up of China, the government's strategy for the governance of food safety violations has evolved from gentle prevention, to light punishment, to extensive information search, to severe punishment, and finally to a comprehensive governance mode that combines punishment and prevention. In addition, the focus on fault prevention, increasing information and strengthening punishment varies from period to period, and the overall governance mindset has undergone a shift from prevention to punishment and from flexibility to rigidity.

Key words: food safety; governance of violations; preventing faults; increasing information; strengthening punishment

民众民主支持的结构与变迁[*]

——基于全国抽样调查数据的分析

余泓波[**]

　　摘　要：对现代民主政治而言，来自民众的支持显得尤为重要。聚焦中国社会，民众的民主支持状况及其社会政治意涵，仍然有待探讨。2002 至 2015 年多波抽样调查数据的分析，从经验层面呈现了民众民主支持的历时分布与结构特征：大多数民众持有稳定的原则性民主偏好，但相对性支持呈现纵向的下降趋势；民主的有效性能够得到大多数民众的认可，而不加限定的"民主"的适用性却已开始遭受挑战。与此不同的是，中国民众对政治制度本身则表现出更为坚实的支持取向。基于中国经验的政治支持研究中，政治制度与抽象的"民主"本身存在着一定区隔，民众对于本国制度的自信相比对于"民主"的信念，具有更重要的政治意涵。这将为中国式民主话语的认同强化提供重要的民意契机。

　　关键词：民主支持；制度支持；社会调查

　　自近代渐入国门以来，"民主"一词"总是位列政治术语的流行榜上"（俞可平，2003）。这种流行不仅体现于政治传播，甚至也体现于政治情感。"最迟到五四以后，中国主流的舆论就没有偏离过扬民主抑专制的基调"，而在民本主义传统深厚的中国，国人对民主的价值接受及对其向往的冲动甚至较西方

---

　　* 基金项目：教育部人文社会科学研究青年基金项目"我国制度优势的群众基础及其巩固机制研究"（项目编号：21YJC810009）。

　　** 余泓波（1988—），男，法学博士，南京师范大学公共管理学院副教授，研究方向为大众社会政治态度、政治心理与行为，E-mail：yuhongbonju@163.com。

更甚(闫小波,2011)。以至于有学者直言:"近代以来,追求民主一直是中国梦的一部分,而且到现在也没有放弃。"(郑永年,2015)

然而,有关我国民众民主支持的实证研究尽管日益增多,但研究者们由于概念建构与操作化的差异,至今尚未就本议题形成必要的共识。事实上,既有研究还出现令人困惑而待解的问题:在某些按西方自由民主标准看来堪称民主的社会,民众并不那么支持民主,相反,在民主程度较低的社会,民众却更加支持民主(Chu and Huang,2010)。鉴此,本文使用2002至2015年的四波全国抽样调查数据库,系统性描述和分析我国民众的民主支持状态。

与既有短时段、单维度的民主支持研究不同,本文借助调查资料在更长时段内,从原则性支持、相对性支持、情境性支持三维度系统测量民众对民主的支持态度,考察民主支持与制度支持之间的关系,呈现该议题在中国经验中的特殊之处。本文认为,不应将大众对"民主"这一术语的好感简单等同于对民主的支持,也不应将民主支持过度拉伸为制度支持。为此,本文将首先基于主流研究,选择既有调查数据中的变量构建多维度的测量工具,分析中国民众民主支持的内在结构与历时变迁,再进一步探究在中国经验下,民众民主支持的社会意涵。

一、文献回顾

(一)民主支持的理论回顾

从理论渊源来看,民主支持这一概念是伊斯顿政治系统学说中关于政治支持的相关理论的延伸。伊斯顿强调了政治系统中民众对共同体、体制、权威当局的支持,并认为这种支持可以分为特殊性支持与弥散性支持,而弥散性支持对于政治系统的稳定与运作而言又是十分重要的(Easton,1975;伊斯顿,2012)。

随后,海外学界对民主支持的研究,多源自对民主化与民主巩固的学术兴趣。比如,林茨与斯特潘曾对民主巩固做出行为、态度、宪制三个层面的界定。其中,态度层面的民主巩固指"公众中的绝大多数持有这样的信念:民主程序与制度是治理一个社会的集体生活的最合适的途径,并且对那些反民主体制的选择的支持相当微弱,或至少区别于支持民主的力量"(Linz and Stepan,1996)。

这种概念界定,不仅为民主巩固研究奠定了研究共识,也为从民意角度研究民主支持提供了操作化基础。正因此,民众对民主正当性的取向及其对民主的支持程度,成为研究不同国家或地区民主进程的重要议题,如非洲、拉丁美洲、欧洲、东亚等地区从民众视角开展的民主研究(Bratton et al.,2004;Camp,2001;Chu et al.,2008a;Ferrín and Kriesi,2016)。

(二)中国民众民主支持研究现状

海外学界对中国民众是否支持民主,具有较强兴趣。有研究者基于2002年的调查数据,分析发现中国民众对民主表现出了全面性的支持,大多数受访者认为民主是可欲的、合适的、有效的、更受青睐的(Shi,2008)。也有研究者将大众的民主支持与民主价值作为两个维度,构建了四类民主取向类型,并发现中国民众多属于支持民主并认同民主价值的一致型民主者(Chu and Huang,2010)。有学者使用了时间跨度从1993至2003的多项调查数据,分析发现中国公众给予了民主高度的支持,其占受访者比例超过90%(Wang,2007)。但作者也指出,与这种高度的民主支持相伴随的,是更多民众仍然认为经济增长与社会稳定比政治参与和民主权利更为重要。如同众多分析中国民主的海外文献一样,这些研究中多将民主等同于西方自由民主,研究立意上对制度文化层面的特殊性关注不甚充分(Chu and Chang,2001)。

在国内,"民主是个好东西"(俞可平,2006)的命题不限于学术精英的讨论,也开始被置于大众调查之中。张明澍在《中国人想要什么样的民主》中也考察了受访者"觉得民主好不好",其得到的比例分别为"好(54.9%)""不好(2.7%)""不能一概而论,要看是不是适合中国情况的民主(40.2%)""不清楚(2.2%)"(张明澍,2013)。虽然该研究在设计上并不完美(刘瑜,2013),但由此可知,民众对民主支持与否更加取决于具体情境。然而,民众对"民主"一词的好感度,终究不能等同于民主支持本身,更为精细的概念操作显得尤为重要。

(三)如何测量民众的民主支持

从概念的界分与操作化来看,不少学者都选择了多维度的直接定义方式对民主支持进行了讨论,并将其视为大众对民主正当性的态度(拉里·戴蒙德,2013)。比如:莫里诺与蒙特罗认为民主正当性可操作为三个层面:普遍的正当性、默认的正当性、效能的正当性(Morlino and Montero,1995)。罗斯等研究者则将民主支持区分为对民主的绝对性承诺与有条件的民主支持(Rose et al.,1998)。戴蒙德则区分了民主正当性的两个类别:本质性正当性、工具性正当性(Diamond,1999)。此外,也有学者强调了对民主正当性的测量的文化转向(Chu and Chang,2001)。上述研究逐渐成为民主支持测量的常用路径之一,本文将在操作化方法上进行借鉴。但由于此类研究多在不同程度上将"民主正当性"等同于"政制正当性",遮蔽了民主意涵的复杂性与不同社会民主实践的特殊性。因此,在分析中国经验数据时,本文会对民众的民主支持与制度支持进行比较。

在一项聚焦地方干部关于民主的实证研究中,研究者从民主认知与民主支持两个维度进行类型建构(肖唐镖、王艳军,2017)。其中,民主支持包括一般支持与深度支持,后者包括对选任方式、治理参及与公民权利的取向。这种间接测量方式扩展了民主支持的概念纵深:不仅探讨是否支持,且进一步分析了支持何种民主,更强调从主观取向中分辨"民主的支持性条件",其中涉及了价值信念、认知模式等不同心理层次。与此不同,本文更加聚焦于评价与偏好层面上讨论民主支持,而将民主价值与认知视为更为内在的个体心理要素加以区分。

本文将民主支持视作民主观念的构成部分,具体表现为民众心理维度中对民主正当性的认同与依附程度,其介于最外在的民主评价与更内在的民主价值之间。相对于最外层的民主评价而言,民主支持更强调情感性与心理卷入性。相对于民主价值与民主认知而言,民主支持则更强调个体心理维度与外部世界的互动过程。

在操作化方面,本文将民主支持分为原则性民主支持、相对性民主支持、情境性民主支持,并使用了相应题组进行测量与分析。如前文所述,从测量题目看,已有若干研究以列举方式使用了与本文相近似的测量题目;从维度界定看,现有研究从规范意义上将民主支持界分为:对民主的绝对性承诺与有条件的民主支持、本质性正当性与工具性正当性,或普遍支持、默认支持、效能支持。因此,本文尝试用规范性的维度界定来囊括现有测量题目,故将民主支持操作化为原则性(借鉴绝对性支持、本质性支持)、相对性(借鉴有条件的支持)、情境性(借鉴工具正当性、效能支持)三个维度。

本文最终选择使用亚洲风向标调查计划在中国大陆执行的第一波至第三波调查,以及2015年度中国城乡社会治理调查。由于部分波次的调查中,问卷题组有所不同,因此实际分析中,某些维度仅使用了两波数据。亚洲风向标的调查数据已经被学界广泛使用,此处着重介绍2015年度中国城乡社会治理调查:该调查项目由十二所国内大学合作完成,是全国范围内首次就城乡社会治理问题所展开的专项问卷调查。调查于2015年7月启动,历时5个月,涵盖全国26个省市区,共随机抽取125个县级单位,完成有效样本4 068份,有效完成率67.65%。调查严格按照社会科学规范操作,所获数据具有较高的质量。

二、民众的民主支持：结构与变迁

依照本文对民主支持的概念操作,此处将分别呈现受访者在原则性、相对性、情境性三个面向上的取向分布,之后再通过将各个选项在−2至2范围内赋值并将其均值作为民主支持指数,其中零表示无明显态度偏向,正数表示对民主持支持态度,负数表示对民主持非支持态度。在具体分析中,本文将使用受访者对不同测量题目的肯定性回答的比例来呈现民主支持不同面向在民众中的支持广度,使用每个面向的指数均值来代表民主支持的强度。

(一)中国民众的民主支持：原则性支持

本文所使用的民众的原则性民主支持概念,近似于上文所提及的普遍性民主支持、本质性民主支持或对民主的绝对性承诺。也即是说,民众对民主的原则性支持,意味着其对民主正当性的信念并非出于某些特定情形或具体功效的考量,而是基于内在价值认为民主是最优选项。

在2011与2015年的问卷中设计了这样的题目用以测量受访者的原则性民主支持："请问您同不同意以下的说法:虽然民主有这样那样的问题但仍然是最好的制度?"从表1可知,2011与2015年两波调查中,回答"非常同意"的比例为13.8%、8.2%,回答"同意"的比例为61.1%、58.8%,远高于选择"不同意""非常不同意"的比例。"不知道"的比例在2011至2015年有5%左右的提升。整体来看,在各选项的比例分布中,2011与2015年都有绝对多数的受访者将民主视为最好的制度选择,表现出较强的原则性民主支持优势。

表1 民众的原则性民主支持(2011—2015) 单位:%

	2011	2015
请问您同不同意以下的说法:虽然民主有这样那样的问题但仍然是最好的制度		
非常同意	13.8	8.2
同意	61.1	58.8
不同意	8.9	11.4
非常不同意	0.7	0.7
不知道	13.8	18.9
未回答	1.7	2.5

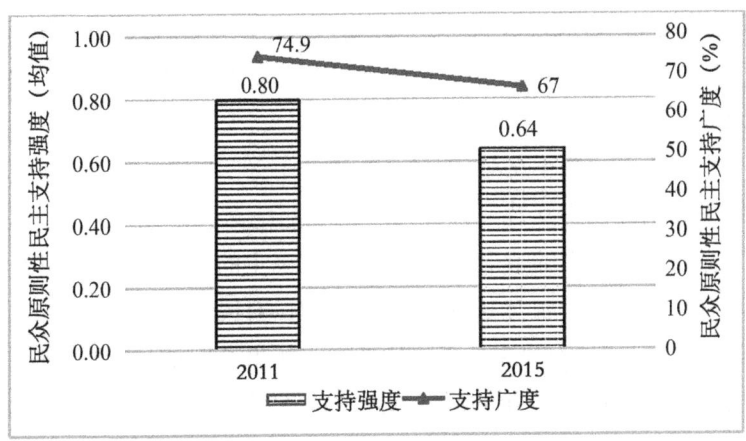

图1　民众原则性民主支持的强度与广度（2011—2015）

图1中将对原则性民主支持题目表示"同意""非常同意"的比例合并，报告了原则性支持的广度，另外也通过均值展示了原则性支持的强度。从中可知，2011至2015年，中国民众的原则性民主支持广度缩减了7.9%，但在2015年仍保持了67%的较大范围。原则性民主支持的强度从2011年的0.80下降到2015年的0.64。结合其他学者（Wang，2007）的研究，2001年中国民众的原则性民主支持比例超过90%，则可更为明显地看出随着时间的推移，更少的中国民众认为民主是原则性的最优选项。

由于原则性民主支持更多地是从抽象意义上使用"民主"术语，并测量受访者对民主的心理依附，而并未界分"何种民主"。所以本文所发现的中国民众在原则性层面的民主支持下降，亦可以说是"民主"作为一种堪称最强政治修辞的话语正处于抽象价值优势下行的过程中。正如有学者所言，"一些研究也通过民主的总体性价值与原则来发掘（政治）支持。这提供了对政府可感知的道德合法性的洞见。"（Norris，1999）民众原则性民主支持的下降，因此也可以被看作民众民主观念中"抽象民主"价值光环的黯淡，是其更加理性的表现。正如有研究指出：国内学术界的民主研究，大体上经历了译介西方民主理论、反思与批评西方民主理论、建构本土民主话语体系的过程（王江伟，2021）。其实，从民众态度来看，大体上也可区分为认同（西方）民主作为人类共同价值、认识到西方民主的实践问题、质疑西式民主对中国的普适性、重新审视并体验中国自身的民主等不同阶段。在这个意义上，此处的发现有以下意涵：一方面，民众对抽象民主的原则性信念弱化，正是破除西方民主话语霸权以及

"西方民主普遍性"的民意契机;另一方面,当抽象民主的民意优势开始下降时,我们则更需要从中国的实践出发去发展、完善中国特色民主政治的话语优势与民众观念共识。

(二)中国民众的民主支持:相对性支持

不同于原则性民主支持所强调的对民主的绝对性承诺与认同,相对性民主支持是在给定参考系的情形下,考察民众对民主的偏好。具体而言,本文考察了受访者在对民主体制与专制体制相比较时,对民主的偏好度;以及在限定民主与经济二选一时,对民主的优先性选择。如表2所示,在回答民主与专制的偏好时,2002年至2015年的四波调查中选择"无论怎样,民主体制总比其他任何政体好"均为最多选项,但其比例从2002年的53.9%下降至2015年的41.8%,而选择"在有些情况下,一个专制的政府比民主体制好"的比例在2002与2008年仅有5%左右,而在2011年与2015年则超过10%;认为"对我来说,民主体制和专制体制都是一样的"也略有提升,至2015年达到20.5%。

表2　民众的相对性民主支持(2002—2015)　　　　单位:%

	2002	2008	2011	2015
请问下列说法哪一个最符合您的看法?				
无论怎样,民主体制总比其他任何政体好	53.9	53.6	52.1	41.8
在有些情况下,一个专制的政府比民主体制好	4.3	5.2	10.9	13.0
对我来说,民主体制和专制体制都是一样的	16.3	7.6	18.1	20.5
不知道	23.0	29.4	17.0	23.0
未回答	2.6	4.2	2.0	1.7
如果您必须在民主与经济发展之间做一选择,请问您觉得哪一项比较重要?				
经济发展绝对重要	20.3	27.7	20.2	12.9
经济发展比较重要一些	24.2	23.6	33.2	34.9
民主比较重要一些	14.7	8.3	18.3	18.6
民主绝对重要	7.5	4.5	5.1	5.9
两个同样重要	18.1	18.3	12.1	12.7
不知道	14.3	14.7	10.2	13.9
未回答	1.0	2.9	1.0	1.2

表 2 中受访者对民主与经济的选择则表明,认为"经济发展绝对重要"的比例有所降低,2002 年为 20.3%,2015 年则仅为 12.9%;认为"经济发展比较重要一些"的比例在第一波与第四波调查的十余年间上升了 10% 左右。而认为"民主比较重要一些"或"民主绝对重要"的比例相对较低,在四波调查中合计仅占两成左右。这表明,整体而言,当测量题目将民主与经济对立起来之后,大多数受访者倾向于经济发展优先于民主,这一比例随着时间发展而有所强化。

图 2 中分别展示了民众相对性民主支持的强度与广度,图中可知:就民主与专制的偏好而言,2002 年至 2011 年有五成左右的受访者认为民主更好,至 2015 年这一比例为 41.8%。其支持强度也从 2002 年的 1.02 下降至 2015 年的 0.59。也即是说,中国民众在民主与专制之间的相对性选择时,虽然认为民主优于专制的比例仍大比例地高于其他选项,但其支持广度与强度都有所下降。本文民主支持的各个测量维度中,民主相对于经济发展的支持广度是最低的,2002 年至 2015 年维持在两成左右,随着时间发展略有提升,远低于其他测量题目的积极性评价的比例。就支持的强度而言,也是各维度中唯一出现负值的,意味着在以经济发展为参考系时,民众对民主的支持抱以负面态度。

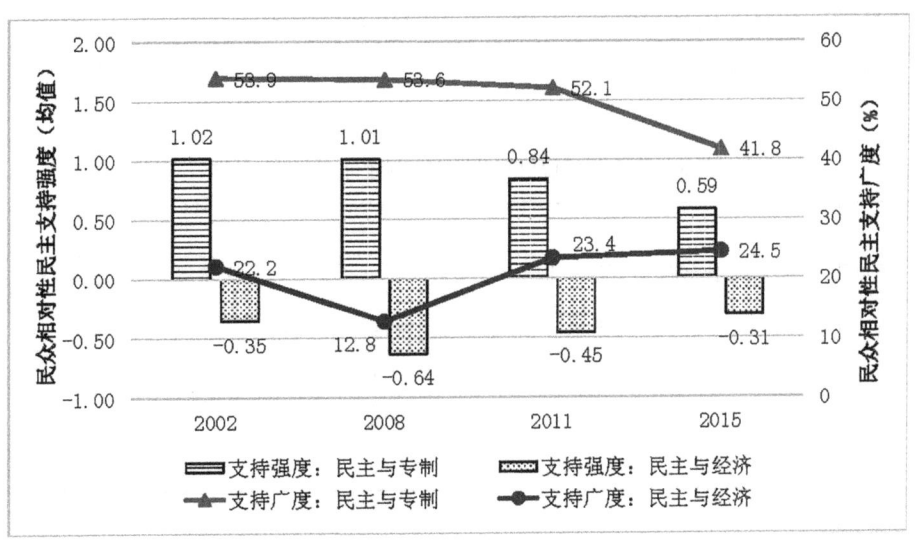

图 2　民众相对性民主支持的强度与广度(2002—2015)

民主与专制的相对性支持在广度与强度方面的下降,本文认为应采用上文中原则性民主支持的解读路径,并进一步考虑政治信息与传播过程中,外部"民主乱象"对中国民众产生的关于民主的负面观感。而民主与经济的相对性选择,则是测量设计时刻意将民主与经济发展相对立,而在此情况下,对于经济发展的珍视或许会使民众对民主有所妥协。尤其是在物质主义价值占主流的社会中(罗纳德·英格尔哈特,2016),更是如此。

另外,需要说明的是,虽然民主相对于专制的支持度有所下降,但其依然占据民意主流;而民主相对于经济的支持度虽然绝对值较低,但其上升趋势值得关注。因此,本文认为不应对民众的相对性民主支持抱以消极态度,相反,应期待以更长期的观测数据来考察该变迁趋势,以及某种趋向中间水平的民主支持度回归。

(三)中国民众的民主支持:情境性支持

上述民主的原则性支持与相对性支持均是较为抽象的探讨,而民主的情境性支持则更强调考察民众在既定情境内对民主的认同与信念。具体而言,本文将从民主的有效性与民主的适合度两方面考察了民众的情境性民主支持。表3展示了受访者针对"民主是否能解决我们社会中的问题"这一场景预设中对民主效能的认同,其中认为"民主能解决我们社会中的问题"为最高比例选项,在2002至2015年的四次调查中均维持在六成左右。而认为"民主不能解决我们社会中的问题"的比例在十余年间有所提升,从2002年的10.6%上升至2015年的18.8%。

表3 民众的情境性民主支持:有效性(2002—2015) 单位:%

	2002	2008	2011	2015
下面两种说法,您比较能接受哪一种?				
民主能解决我们社会中的问题	60.4	61.7	67.5	58.8
民主不能解决我们社会中的问题	10.6	7.7	14.9	18.8
不知道	27.4	30.6	16.8	21.2
未回答	1.6	4.2	2.7	1.6

图3则更为清晰地展示了,2002年以来的十余年里,认为民主能够解决其所在社会的问题的受访者比例虽有波动,但整体的广度仍在60%左右。这意

味着多数中国民众认可民主解决问题的效能。另外,从民众对社会情境下解决问题的民主有效性强度来看,2002 至 2011 年较为稳定,至 2015 年则略下降至 0.81。2015 年情境性民主支持的有效性强度下降,主要是由于该年份认为"民主不能解决我们社会中的问题"的比例提升,而非肯定性回答的比例下降。

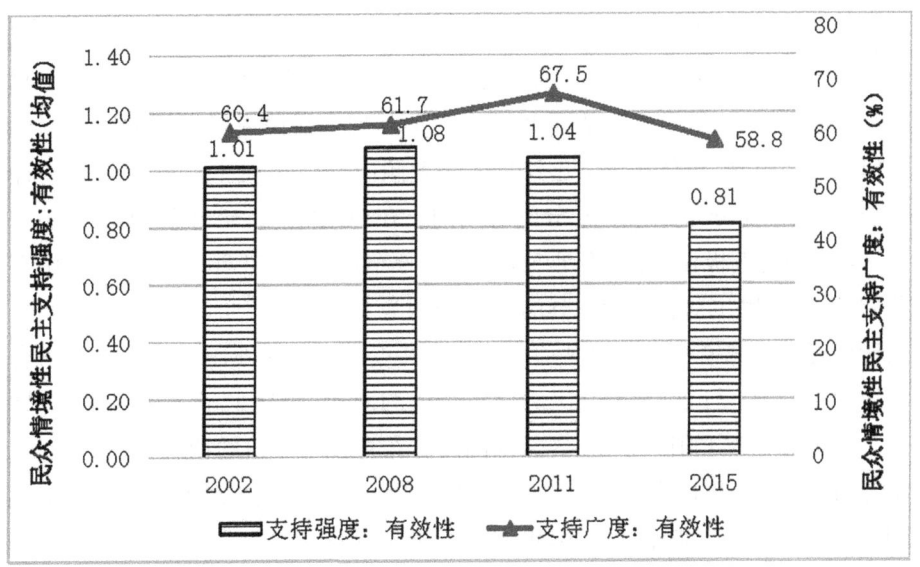

图 3　民众情境性民主支持的强度与广度:有效性(2002—2015)

　　民众对民主有效性的情景性支持,其实是戴蒙德所谓的工具性支持的考察视角(Diamond,1999),即将民主视为达成某种目标(解决社会问题)的工具,并以此评判其效能(Morlino and Montero,1995)。除民主的有效性以外,本文也从民主的适合度视角测量了民众的情境性民主支持。参照既有的概念界定,民众关于民主对中国适合度的评估,可视为一种有条件的民主支持(Rose,Mishler and Haerpfer,1998),即:并非抽象的讨论对民主的认同,而是关涉于具体情形下的适合度讨论。

表 4　民众的情境性民主支持:适合度(2002—2015)　　　　　　单位:%

	1	2	3	4	5	6	7	8	9	10	缺失值
2002	0.1	0.1	0.3	0.7	2.4	5.8	7.5	15.6	11.6	26.4	29.4
2008	0.2	0.1	0.2	0.4	2.4	6.4	12.4	16.9	11.3	22.3	27.5

(续表)

	1	2	3	4	5	6	7	8	9	10	缺失值
2011	1.4	1.0	1.8	2.9	9.8	12.4	12.9	16.9	7.5	14.5	18.8
2015	1.1	.6	1.5	2.6	14.3	12.0	11.9	17.1	6.3	11.1	21.4

2002 至 2015 年的问卷中设计了这样的题目来测量民众关于民主适合度的情境性支持:"如果 1 代表完全不适合,10 代表完全适合。在程度上,数字越小表示越不适合,数字越大表示越适合。请问您觉得民主对中国的适合程度如何?"表 4 可知,整体来看,更多的受访者倾向于给出民主适合度以较高评价,其比例主要分布在 6~10 分的区间内。在 2002 与 2008 年的数据中,在 1~5 分内的比例极低,合计不足 5%。这一分布在 2011 与 2015 年的数据中有所改变,认为民主适合度为 5 分的比例分别为 9.8%、14.3%,在低评分区间内的比例提升意味着民众对民主适合度的支持度弱化。此外,9~10 分的高适合度评价中,2011 与 2015 年的比例分布合计约两成,明显少于 2002 年与 2008年合计超过 30%的比例。7~8 分区间的分布在四个年份的调查中较为稳定。由此可知,2002 年以来的十余年间,民众对"民主是否适合于中国"这一情境性问题整体上给予了肯定性回答,更多的民众支持民主的情境性适合度,但纵向来看,这种支持度存在缓和的下降趋势。

图 4 中报告了受访者给予民主适合度 6 及以上评价的比例,用以呈现民众给予民主适合情况所表现出的民主支持之广度。从中可知,2002 年至 2011年民众情景性民主支持中适合度的认可广度均在 60% 以上,处于较高水平,在2015 年略有下降,但仍也有 58.4%的受访者倾向于支持民主适合中国。此外,图 4 也呈现了 2002 至 2015 年四次调查中受访者给民主对于中国适合度评分的均值,用以表示这种情境性支持的强度,从中可知:2002 年以来的十余年间,中国民众整体上具有较高的民主适合度支持强度,虽然至 2015 年有所下降,但仍保持在 6.98 的较高水平。

回顾来看,当将民主与中国实际相结合来考察时,无论是民主解决社会问题的有效性,还是民主对中国的适合性,都得到了民众较为广泛的认可。虽然纵向来看,其范围有缓慢缩减,但至 2015 年仍有接近六成的受访者表现出这种情境性民主支持。然而,此处的考察虽然将民众对民主的支持引入了具体的中国情景中,但这种情境性条件仅仅是外在环境的描述,而非对"民主"本身的界定。也即是说,民众所支持的"民主"究竟是何所指,仍有待后续研究进一

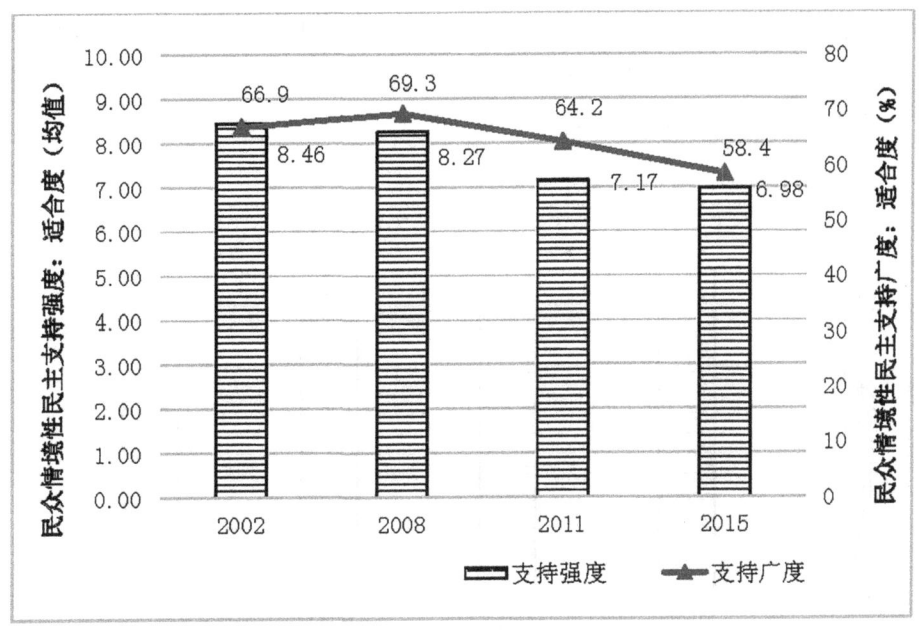

图4　民众情境性民主支持的强度与广度：适合度（2002—2015）

步探讨。

（四）中国民众的民主支持指数

在考察了中国民众民主支持的原则性、相对性、情境性三个不同面向的认同广度与强度之后，本文将各面向的测量指标统一赋值为－2至2范围内，并使用其均值建构了民主支持指数①。其中，0表示综合各测量指标来看，受访者对民主的支持位于居中位置或无明显偏向，指数越大，则支持度越强。

图5显示了民众民主支持指数在2002至2015年四次调查中的分布，其中2002与2008年的民主支持指数由相对性民主支持和情境性民主支持构成，分别为0.71、0.64，纵向来看，有略微下降。2011与2015年民主支持指数则包含了原则性、相对性、情境性三个面向的指标，其测量结果分布为0.60与0.48，下降较为明显。这意味着，整体而言，中国民众的民主支持虽然一直保持在正面的积极评价，但随着年份推移而有所下降。即便考虑到指数涵盖指

———————————

① 详见附录。

标的差异性,也依然可看出民众对民主偏好度的降低[①]。这不禁要引发思考:这一数据呈现看似是民主正在逐渐失去中国民众的心理支持,如果结合中国情景来看,其究竟意味着什么?

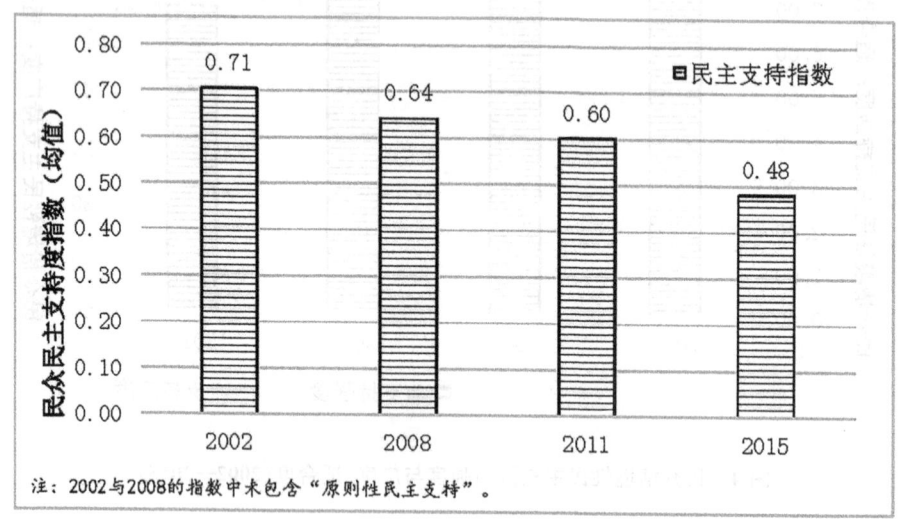

图5　民众民主支持度指数(2002—2015)

　　首先,当我们把这一结果与东亚其他社会相比,即可发现,中国大陆民众的民主支持的广度与强度都不低,甚至在某些维度上远高于其他国家或地区(Chu et al.,2008b;Chu and Huang,2010)。而从测量工具的视角来思考,则可知:正如"民主"话语在近代以来就一直受到主流舆论的肯定,同时也总能动员起国民对其的积极情感与支持,但另一重障碍在于"我们生活在一个以民主观混乱为特色的时代里"(乔万尼·萨托利,2009),当人们表达他们对民主的支持时,更为根本的"民主是什么"或"支持何种民主"的问题并未得到澄清。基于此,民众观念世界中,抽象"民主"的绝对价值优先和超然道德优势正在某种程度上开始消解,这对我们基于中国实践与经验来发展中国民主话语与制度未尝不是一种契机。

　　[①]　2011与2015年民主指数比2002与2008年多涵盖了原则性支持指标,但若将原则性支持指标排除以后,2011与2015年的民主指数将下降。这说明,即便考虑到测量指标的一致性,民众的民主支持指数也纵向下降。

三、民众民主支持的进一步分析

诚然,在实证研究的测量方式中,直接使用"民主"进行的问卷题项设计,一方面能够更为直观地呈现民众态度,另一方面也必然受到此种测量技术的方法限制。因此,为更为深入地分析民众民主支持的政治意涵,本文进一步考察了民众的民主支持与制度支持之间的关系。

显而易见,本文所考察的民主支持是一种政治支持,且在具体测量题目中,多意指受访者对民主制度的支持与否。因而,民众的民主支持与制度支持之间的关系分析,有助于勾勒其中的政治意涵:民主支持与制度支持之间的相关性,某种程度上反映了民主支持对中国政治制度的运行的民意关涉。

所谓制度支持,依照伊斯顿的界定,与权威当局、政治共同体一同构成政治支持的三个对象(伊斯顿,2012)。在对中国民众政治支持的实证研究中,陈捷将政治支持区分为普遍支持与特定支持(陈捷,2011)。本文则将制度支持聚焦于整体而言对制度的正面认同与心理偏好,具体包括对制度的原则性、相对性、功能性与情感性支持。

2011 与 2015 年的问卷中设计了一组用以测量受访者制度支持的题组。如表 5 所示,为测量民众的原则性制度支持,问卷设计了这样的题目"请问您同不同意以下的说法:即使我们的政治制度有这样那样的问题,人民也应当支持",选择"非常同意"的比例 2011 年为 8.5%、2015 年为 7.7%,选择"同意"的比例两次调查依次为 68.6%、63.7%。也即是说,有超过七成的民众持有明显而稳定的原则性制度支持,这一比例无论是在东亚地区,还是与世界其他国家的比较,都属于显著的高位(Chu et al.,2008;Ferrín and Kriesi,2016;Norris,1999)。

关于相对性制度支持的测量,问卷设计了本国与其他国家制度的对比,以及在此对比之下受访者的制度认同,具体为:"请问您同不同意以下的说法:与其他国家的政治制度相比,我宁愿在中国的政治制度下生活。"表 5 显示,分别有超过 10% 的受访者在 2011 与 2015 年两次调查中选择了"非常同意",而选择同意的比例也都分别超过 70%。这意味着,两次调查中均有合计八成以上的民众表达出相对于其他国家制度而言对中国制度的支持。

表 5 也报告了受访者的功能性制度支持,即其对中国制度解决实际问题的效能的评判。在回答"请问您同不同意以下的说法:从长远来看,我们的政

治制度能解决中国面临的主要问题",选择"非常同意"与"同意"的受访者比例在 2011 年分别为 11.3%、76.9%,在 2015 年分别为 7.6%、74.4%。合计来看,有超过 85%的受访者从制度功能与效力的角度给予了中国政治制度以稳定的支持。

在情感性制度支持方面,表 5 报告了问卷数据中受访者的制度荣耀感。具体题目为:"请问您同不同意以下的说法:整体而言,我以我们的政治制度为荣。"结果显示,分别有 10%左右的受访者在 2011 与 2015 年两次调查中稳定地选择了"非常同意",而选择同意的比例也都分别超过 70%。如果说,之前三个制度支持面向,更多的是从制度的原则与价值层面、制度的工具性效能层面考察民众的支持心理,那么此处则更强调对制度的情感性认同与卷入。照此来看,最近两次调查表明,有超过八成的受访者对中国政治制度持有积极正面的情感性支持。

表 5　民众的制度支持(2011—2015)　　　　　　　　　　　　单位:%

	2011	2015
即使我们的政治制度有这样那样的问题,人民也应当支持	77.1	71.4
与其他国家的政治制度相比,我宁愿在中国的政治制度下生活	87.6	85.7
从长远来看,我们的政治制度能解决中国面临的主要问题	88.2	82.0
整体而言,我以我们的政治制度为荣	88.3	82.9

注:本表将报告的数据为对上述说法表示"非常同意""同意"的样本有效百分比之和。

整体而言,民众对中国政治制度持有很高的支持水平,无论是原则性支持、相对性支持,抑或功能性、情感性支持,均有绝对多数的民众给予了肯定性回应。纵向来看,虽然 2011 至 2015 年间部分选项的比例有小幅下降,但由于两波调查相距时点较近,且考虑到在对调查数据的区间估计上各题组并无明显的历时差异,故我们认为这种高比例的支持具有稳定性。

图 6 以 2015 年的调查数据为例,比较了民众对民主支持与制度支持各题组的肯定性回应的比例。从图中可以明显看出,中国民众的制度支持远高于民主支持,即便是民主支持中赞同比例最高的原则性民主支持(67.0%),也低于制度支持中最低的原则性制度支持(71.4%)。也即是说,中国民众对民主的支持性心理基础虽然相对较弱,但其并未动摇民众对中国政治制度的认同

与信念。在普通民众主观世界中,虽然对民主给予了积极性的支持,但其程度远小于对政治制度本身的支持。而对任一政治系统的稳定运行与良好治理而言,对制度本身的支持都是更为重要的。

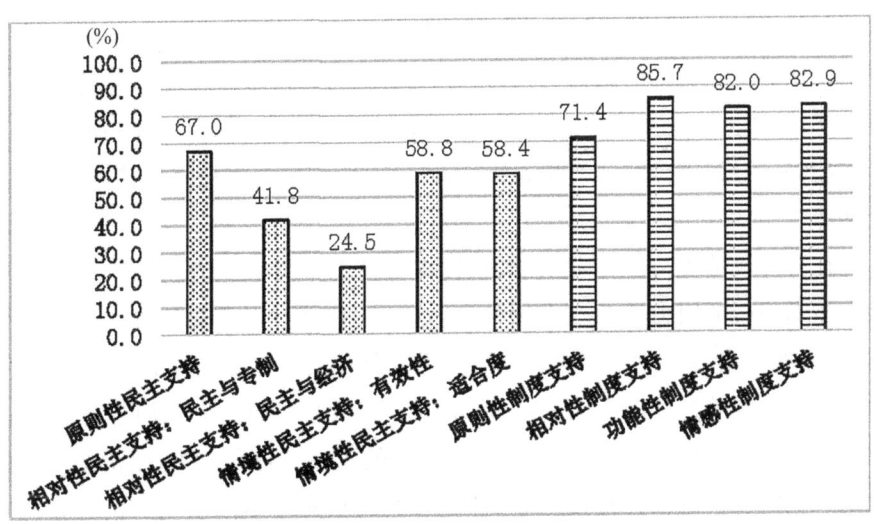

图 6　民众对民主支持与制度支持的认同比例比较(2015)

本文对民主支持与制度支持二者进行了相关分析①。从中可知,虽然民主支持与制度支持之间具正向关系,但其相关系数较小,也就是说,二者之间在0.000 的显著性水平上存在微弱的相关性。这进一步说明,区别于一些西方学者在研究时将民主支持作为重要的政治支持面向,或直接作为制度支持本身来进行测量,在中国民众的主观世界中,对抽象民主的支持与对政治制度的支持无论实在认同程度还是相互关系上,都表现出明显的差异与分离。在厘清中国民众对"民主"本身的含义的看法之前,抽象的讨论民众是否支持民主,并不能真正揭示其政治意涵。

四、讨论与小结

在世界范围内,一方面民主话语极为流行,另一方面民主意涵却愈加缺乏

---

①　民主支持与制度支持的 Pearson 相关系数在 2011 年为 0.199($P<0.000$,$N=3314$)、2015 年为 0.221($P<0.000$,$N=3298$)。

共识。处于各种信息交织之下的中国民众,究竟对民主抱以何种态度,成为一个值得探讨的主题。基于此,本文意在分析以下几个问题:中国民众在主观取向上是否支持"民主"?其对民主的支持存在何种结构特征?在中国经验背景下,此种民主支持具有何种政治意涵?

总的来讲,本文通过长时间跨度的调查数据与多维度的概念测量,描述了中国民众的民主支持的结构与变迁:不同维度的支持水平与变化趋势存在一定差异;整体上的民主支持水平较高、强度较强;纵向来看,民主支持有温和下降的趋势。对比本世纪初的相关研究,民众层面的民主支持并未持续提升,甚至遇冷。

在海外政治支持研究看来,民众民主支持的下降意味着政治系统运行可能会遭遇障碍或阻力。而在中国社会,这一预判却并无经验依据,恰恰相反:2011与2015年的调查数据均显示,中国民众在政治制度支持的原则性、相对性、功能性、情感性四个面向上均表现出了稳定而高度的主观认同,远高于民众对民主的支持度。这表明,基于中国经验的政治支持研究中,政治制度与抽象意义的"民主"术语存在较明显的区隔,而民众对于本国制度的信心相比对于民主术语的信念,无论是实践领域还是研究领域,都应更被重视。

大众对民主的好感度固然重要,但其社会政治意涵不应被过度高估。当"民主"这一修辞在个体主观世界中的超然价值优先与绝对道德优势地位开始动摇,不再被"迷信"时,在一定程度上也预示了民众开始从实践出发去自主地了解民主、思考民主的民意契机。

作为一个抽象而复杂的概念,民主所能指涉的意涵十分广博与庞杂。显然,在测量民主态度时,凭借直接的测量方式,或许有助于我们化繁为简地获取民众关于民主的某些态度,但并不足以支撑我们对所观测的民主态度做更为具体的分析①。从研究方法看,本文在测量时直接使用了"民主"这一术语,而未对民主进行具体的限定与修饰,从而使得民众在对此题组做出回应时更多的是以抽象的民主术语为刺激对象。相较于"是否支持民主"而言,中国特色民主政治与大众政治文化之间的契合与互动,才是更契合中国经验与情景的研究议题。

---

① 有学者通过对多项关于中国民众民主支持的调查结果的比较,发现了这些测量结果之间的矛盾性。这在一定程度上揭示了测量方式对此议题的重要性(何俊志,2017)。

参考文献

陈捷,2011.中国民众政治支持的测量与分析[M].安佳,译.广州：中山大学出版社.

何俊志,2017.中国地方官员的复合民主价值观[J].政治学研究(02)：52-63,127.

拉里·戴蒙德,2013.民主的精神[M].张大军,译.北京：群言出版社.

罗纳德·英格尔哈特,2016.静悄悄的革命:西方民众变动中的价值与政治方式[M].叶娟丽,等译.上海：上海人民出版社.

闾小波,2011.近代中国民主观念之生成与流变：一项观念史的考察[M].南京:江苏人民出版社.

乔万尼·萨托利,2009.民主新论[M].冯克利,阎克文,译.上海:上海人民出版社.

王江伟,2021."全过程人民民主"的实践形态:结构要素与生成机制[J].求实(05)：17-30,109-110.

肖唐镖,王艳军.2017.地方干部的民主价值观:类型与结构特征——对1456个地方干部的问卷分析[J].政治学研究(02)：64-76,127.

俞可平,2003.增量民主与善治:转变中的中国政治[M].北京:社会科学文献出版社.

俞可平,2006.民主是个好东西[M].北京:社会科学文献出版社.

张明澍,2013.中国人想要什么样民主[M].北京:社会科学文献出版社.

郑永年,2015.民主,中国如何选择[M].杭州:浙江人民出版社.

刘瑜,2013.当我们谈论文化时,是在谈什么？[J].读书(09)：48-58.

伊斯顿,2012.政治生活的系统分析[M].王浦劬,译.北京:人民出版社.

BRATTON MICHAEL，MATTES ROBERT，GYIMAH-BOADI E，2004. Public opinion，democracy，and market reform in Africa [M]. Cambridge：Cambridge University Press.

CAMP RODERIC AI，2001. Citizen views of democracy in latin america [M]. Pittsburgh：University of Pittsburgh Press.

CHU YUN-HAN，CHANG YU-TZUNG，2001. Culture shift and regime legitimacy：comparing Mainland China，Taiwan and Hong Kong[A]// Chinese Political Culture. Shiping Hua Andrew J. Nathan. New York：M. E. Sharp.

CHU YUN-HAN, DIAMOND LARRY, NATHAN ANDREW J, et al., 2008. How East Asians view democracy[M]. New York: Columbia University Press.

CHU YUN-HAN, HUANG MIN-HUA, 2010. The meanings of democracy: solving an Asian puzzle[J/OL]. Journal of Democracy, 21 (4): 114 - 122. DOI:10.1353/jod.2010.0009.

DIAMOND LARRY, 1999. Developing democracy: toward consolidation [M]. Baltimore: The Johns Hopkins University Press.

EASTON DAVID, 1975. A re-assessment of the concept of political support [J]. British Journal of Political Science(4): 435 - 457.

FERRÍN MÓNICA, KRIESI HANSPETER, 2016. How Europeans view and evaluate democracy[M]. Oxford: Oxford University Press.

LINZ JUAN J, STEPAN ALFRED, 1996. Problems of democratic transition and consolidation: Southern Europe, South America, and Post-Communist Europe[M]. Baltimore: John Hopkins University Press.

MORLINO LEONARDO, MONTERO JOSÉ RAMÓN, 1995. Legitimacy and democracy in Southern Europe[A]//The politics of democratic consolidation: Southern Europe in comparative perspective. Gunther Richard, Diamandouros P. Nikiforos, Puhle Hans-Jürgen. Baltimore: The Johns Hopkins University Press.

NORRIS PIPPA, 1999. Critical citizens: global support for democratic government[M]. New York: Oxford University Press.

ROSE RICHARD, MISHLER WILLIAM, HAERPFER CHRISTIAN, 1998. Democracy and its alternatives: understanding Post-Communist Societies[M]. Baltimore: Johns Hopkins University Press.

SHI TIANJIAN, 2008. China: Democratic values supporting an anthoritarian system[M]// CHU YUN-HAN, DIAMOND LARRY, NATHAN ANDREW J, SHIN DOH CHULL. How East Asians view democracy. New York: Columbia University Press.

WANG ZHENGXU. 2007. Public support for democracy in China[J]. Journal of Contemporary China(53): 561 - 579.

附录

民主支持指数构建与各测量问项赋值转换

指标与问项	选项与赋值
原则性支持:请问您同不同意以下的说法:虽然民主有这样那样的问题但仍然是最好的制度?	非常同意=2;同意=1;不同意=-1;非常不同意=-2;不知道=0
相对性支持(民主与专制):请问下列说法,哪一个最符合您的看法?	无论怎样,民主体制总是比其他政府体制来的好=2;在有些情况下,一个专制的政府比民主体制来的好=-2;对我来说,民主体制也好,专制体制也好,都一样=0;不知道=0
相对性支持(民主与经济)如果您必须在民主与经济发展之间做一选择,请问您觉得哪一项比较重要?	经济发展绝对重要=-2;经济发展比较重要一些=-1;民主比较重要一些=1;民主绝对重要=2;两个同样重要=0;不知道=0
情境性支持(民主有效性):下面两种说法,您比较能接受哪一种?	民主能解决我们社会中的问题=2;民主不能解决我们社会中的问题=-2;不知道=0
情境性支持(民主适合度):1 表示完全不合适,10 表示完全适合。在程度上,数字越小表示越不适合,数字越大表示越适合。请问您觉得民主对中国的适合程度如何?	1~3 分=-2;4~5 分=-1;6~7 分=1;8~10 分=2;不知道=0

注:未在表中说明的选项均被赋值为缺失值。

The Structure and Changes of People's Democratic Support: an Analysis Based on Four Waves of Nationwide Sample Surveys

Yu Hongbo

Abstract: For modern democratic politics, support from the public is particularly important. Focusing on Chinese society, the state of popular support for democracy and its socio-political implications remained to be explored. The analysis of multi-wave sample survey data from 2002 to 2015 empirically presented the historical distribution and structural characteristics of popular support for democracy: most people hold stable principled democratic preferences, but relative support shows a longitudinal downward trend; the effectiveness of democracy can be recognized by most people, while the applicability of unqualified "democracy" has begun to be challenged. The validity of democracy is recognized by most people, while the applicability of unqualified "democracy" has begun to be challenged. In contrast, the Chinese public has shown a more solid orientation toward support for the political system itself. In political support studies based on the Chinese experience, the political system is distinguished from the abstract "democracy" itself, and people's confidence in their own system has a more important political connotation than their belief in "democracy. This will provide an important opportunity for strengthening the identity of Chinese democratic discourse.

Key words: support for democracy; support for the system; social survey

医保财政补贴能否促进城乡居民的
医疗服务利用*

罗　耀　李亚青**

摘　要：作为促进社会公平的转移支付手段，政府为城乡居民医保提供的财政补贴，能否促进城乡居民的医疗服务利用？文章基于样本地区大规模医疗保险数据研究表明，财政补贴对城乡居民的门诊和住院服务利用均有显著影响。其中，对老年人的影响大于中青年人，对农村居民影响大于城镇居民，对特定门诊（针对慢性病和重大疾病）服务利用的影响大于普通门诊。老年人主要体现在住院服务利用的提高，而农村居民的门诊和住院服务利用均得到显著提高。进一步分析发现，财政补贴强化了居民就医时的大医院偏好，显著提高了住院（而非门诊）保障水平。上述结论对于完善城乡居民医保补偿机制和财政补贴的再分配机制有着重要的政策价值。

关键词：医疗保险；财政补贴；老年人；农村居民；医疗服务利用

一、问题的提出

十九大报告提出，要实施乡村振兴战略，让全体人民共享发展成果，不断

---

* 本文系国家社会科学基金项目"医疗保障制度对健康平等的精准化改进研究"（编号：18BJY215）的阶段性研究成果。

** 罗耀（1972—），男，工学硕士，讲师，研究方向为大数据分析，E-mail：383910608@qq.com；李亚青（1975—），女，经济学博士，广东财经大学金融学院副教授，研究方向为医疗保障，E-mail：liyaqing@gdufe.edu.cn。

增强获得感、幸福感和安全感。2021年8月中央财经委员会第十次会议提出要"加大税收、社保、转移支付等调节力度并提高精准性",以最终实现"在高质量发展中促进共同富裕"。在经济持续多年快速增长之后,缩小城乡收入分配差距,维护弱势群体的利益以促进社会公平正义,已经成为政府下一阶段的战略目标。

基本医疗保险既是社会保障体系的主体制度之一,也是政府转移支付涉及的重要民生领域,是直接影响人民获得感的"安全网"(张仲芳、刘星,2020)。从社会福利的角度来看,在健康和生产力呈正相关的情况下,政府为医疗保险提供保费补贴具有必要性(Kifmann and Roeder,2011)。中国基本医疗保险体系建设的成功经验之一,就是政府以专项转移支付方式为城乡居民提供高比例的保费补贴(李亚青、蔡启凡,2018)。事实证明,2003年新农合试点以来,财政补贴对于迅速扩大覆盖面起到了关键作用,使中国医疗保障体系建设在不到二十年间取得了显著成效(Yip and Hsiao,2009)。2016年,为缩小城乡差距和制度差距,《国务院关于整合城乡居民基本医疗保险制度的意见》指出要整合新农合和城镇居民医保这两大制度,建立统一的城乡居民基本医疗保险(以下简称"城乡居民医保")。截至2021年底,城乡居民医保覆盖人数已经达到10.1亿[1]。在此过程中,政府持续提高城乡居民财政补贴标准,2021年在个人缴费增至320元情况下,财政补贴标准已达到人均580元[2]。

医疗服务利用是否公平、弱势者的健康权利能否得到有力保障,一直是民众关心的热点问题。在国外,已经有大量研究表明,医疗保险能显著影响医疗服务利用(Aggarwal,2010)。有保险的人比没有保险的人的医疗服务利用频率更高(Yiengprugsawan,2010)。与此同时,亲富人的医疗服务利用不平等现象也普遍存在(黄枫、甘犁,2010;Channon et al.,2012)。在国内,学者们从不同视角研究了医疗保险对老年人医疗服务利用的影响,且大都得出了医疗保险有利于医疗服务利用的结论(龚秀全,2019;黄枫、甘犁,2010;刘国恩、蔡春光、李林,2011)。另有一些学者从精准扶贫的角度研究了财政补贴医保缴费等倾斜性政策的减贫效果,发现财政补贴对脱贫和防止返贫具有显著的正向影响(黄薇,2019;刘汉成、陶建平,2020)。但是,他们关注的焦点是减贫效果而非医疗服务利用。

---

[1] 国家统计局:《中华人民共和国2021年国民经济和社会发展统计公报》,2022年2月28日。
[2] 国家医疗保障局会同财政部、国家税务总局印发《关于做好2021年城乡居民基本医疗保障工作的通知》(医保发〔2021〕32号)。

　　总体上很少有学者研究财政补贴对老年人和农村地区医疗服务利用的影响。这其中一个主要原因可能是,个体所获得的财政补贴的详细数据很难获取。根据现有制度,财政补贴通常是由中央每年公布指导性的补贴标准,由省级政府决定具体补贴金额和省级以下各级政府财政的分摊份额。而除了总体标准以外,各地针对具体群体补贴的详细情况往往是不公开的。另一个需要完善之处在于,现有研究大多关注住院医疗服务利用,相对忽视了对门诊医疗服务利用的考察。理论上,住院和门诊均是医疗服务利用不可缺少的一部分,且有可能存在一定的相互影响关系,仅仅关注其中一个方面,得出的结论可能是有偏的。

　　在中国,财政补贴一直是城乡居民医保的主要筹资来源。而城乡居民医保目前覆盖全国 70% 以上人口[①]。根据 2021 年的补贴标准和覆盖人口,全国各级财政投入资金高达 5 800 多亿元。财政补贴不仅为城乡居民医保正常运转提供资金动力,同时也是财政转移支付的重要组成部分,对于促进公共服务均等化和收入再分配也有着特别的政策蕴意。在城乡一体化的背景下,财政补贴是否有利于居民的医疗服务利用? 特别是能否促进老年人和农村居民等相对弱势者的医疗服务利用? 上述问题的回答,对于完善城乡居民医保补偿机制和财政补贴的再分配机制有着重要的政策价值。

　　对此,我们基于样本地区的城乡居民医保数据,对上述问题进行了定量研究。可能的边际贡献在于:第一,首次基于独有的微观数据,研究财政补贴对医疗服务利用的影响,为研究医疗服务利用提供了全新的视角。第二,不仅考察财政补贴对医疗服务利用的总体影响,也还区别不同群体、区别住院与门诊(包括区别不同类别的门诊服务)分析了财政补贴对医疗服务利用的影响差异,从而得以在侧面考察财政补贴资金的主要流向,实际上也从侧面回答了"财政补贴的效果到底如何"这个问题。第三,进一步从居民对医疗机构的选择、补贴资金在住院与门诊之间的分配等视角分析了背后的影响机理。

二、制度背景及理论分析

　　我国现行的医疗保险体系,是从支付能力较强的城镇职工群体中开始试

---

① 截至 2021 年底,全国总人口 14.1 亿人,城乡居民医保覆盖人数已经达到 10.1 亿,占全国总人口的 71.6%。见国家统计局《中华人民共和国 2021 年国民经济和社会发展统计公报》,2022 年 2 月 28 日。

点的。政府自 1994 年开始"两江"试点,到 1998 年在全国全面实施,并迅速建立起第一个基本医疗保险制度——城镇职工基本医疗保险。随后,为尽快实现全民医保,新农合和城镇居民医保先后于 2003 年、2007 年开始推广,分别覆盖农村居民和城镇非就业居民。这两项制度的共性是实行"财政补贴为主,个人筹资为辅"的定额筹资政策。在自愿原则下,考虑这些群体的支付能力弱,政府财政按人头提供了高比例的保费补贴,以鼓励他们积极参保,快速扩大制度的覆盖面。其中,新农合在试点之初,各级财政提供的补贴占总筹资的比例曾高达 80%。近年来,财政补贴比例虽然有所下调,但依然维持在 70% 左右(李亚青、蔡启凡,2018)。2016 年,随着《国务院关于整合城乡居民基本医疗保险制度的意见》出台,各地陆续开始整合新农合和城镇居民医保这两大制度,逐步建立起相对统一的城乡居民医保制度。

从理论上看,政府提供的医保财政补贴,对城乡居民的医疗服务利用存在直接效应和间接效应。直接效应主要体现在:医保财政补贴制度有效降低了参保门槛,使占据全国人口绝大多数的城乡居民也像城镇职工一样拥有了基本医疗保险。这种"从无到有"的历史性转变,从根本上改善了他们的医疗保障状况。另一方面,政府提供的财政补贴,在持续吸引未参保者加入的同时,也会不断增强已参保居民的续保动机,从而有利于扩大参保率和维持足够大的覆盖面。间接效应主要体现在:财政补贴的持续注入及补贴标准的逐年调升增强了制度的财务稳定性,使城乡居民医保有条件逐步提升保障水平,缩小与城镇职工医保的差距,从而不断加强医保制度的保障效果,使城乡居民患病就医时能够获得较充分的保障。具体而言,这种效应可体现在两个方面,一是医疗服务利用的价格机制。在共付制下,医疗保险减少了参保人的自付费用,使医疗服务看起来变得更"便宜",从而鼓励他们利用更多的医疗服务(Pauly,2005)。没有财政资助城乡居民参加医保,很多居民患病后只敢在社区或者小诊所看病,担心医疗费用负担而不敢进大医院治疗。现在在政府的资助下有了医疗保险,居民过去被压抑的医疗需求将得到释放(Wagstaff and Lindelow,2008;Yip et al.,2012)。特别对于低收入者等弱势群体而言,不仅可以从根本上实现从"病不敢医"到"病有所医"转变,还有可能改善他们所享受的医疗服务质量,提高其对未来健康风险的安全预期。二是道德风险因素。财政资助城乡居民参保并承担了主要的筹资责任和制度的兜底责任,有可能引发参保居民的道德风险。例如,无论大病小病都偏好去大医院,因为住院报销更多即使没达到住院条件也申请住院等。另一方面,在医患双方高度的信息不对称等因素的影响下,医疗服务提供者也存在诱导患者需求的道德风险(Zweifel and Manning,2000)。这些道德风险因素也可能影响参保居民的医疗服务利用。

三、研究设计

(一)变量设定

因变量为城乡居民参保人的医疗服务利用。根据国内外的文献,衡量医疗服务利用的指标可大致划分为两类。首先,因为医疗服务利用直接体现为就医概率和频次的增加,是否门诊、门诊次数、是否住院和住院天数等采用一定时期医疗服务利用概率和频率指标得到普遍运用(黄枫、甘犁,2010;Channon et al.,2012)。另一方面,考虑到医疗需求增长和医疗服务利用的增多通常伴随着医疗费用的相应上升,一些文献以一定时期发生的门诊(住院)医疗费用来衡量医疗服务利用(刘小鲁,2017;马超、顾海、孙徐辉,2017)。除此以外,也有文献综合运用了上述两类指标,如周钦和刘国恩引入了住院总费用和住院可能性(周钦、刘国恩,2015),王贞和封进等采用住院人次、住院总天数以及住院总费用(王贞、封进、宋弘,2019),于大川选取门诊、住院医疗利用率、医疗费用和医疗负担来衡量医疗服务利用情况(2015)。综上所述并结合数据情况,我们在本文中采用一年内是否住院、住院天数、住院总费用和次均住院费用等四个指标衡量住院服务利用,采用一月内是否门诊、门诊次数、门诊费用和次均门诊费用等四个指标衡量门诊服务利用。其中,考虑到住院总费用和门诊费用两种支出类变量的分布严重右偏,我们对其进行了对数变换,以修正研究数据的非正态性。同理,我们对平均住院天数和门诊次数也进行了对数化处理。

解释变量为居民个人获得的年度财政补贴。根据现有制度,医保财政补贴由中央和地方各级政府按人头提供定额补贴。通常是由中央政府每年定期下发指导性补贴标准,由各地按1:1比例提供"配套"资金。从2011年起,中央财政责任逐步缩小,且区别东、中西部提供差异化补贴,地方政府在不同统筹地区的补贴标准也有所不同。而且,因为地方政府在省级以下还区分市、县、乡镇不同级别,对于医保财政补贴是由各级地方政府进行分摊的。市级以下各行政区划根据财政状况承担责任。财政状况好的地区,乡镇一级的财政都会提供配套补贴;财政困难的地区,可能无力承担责任,完全依赖上级财政。

因此,即便在同一个市级统筹地区,补贴标准是存在个体差异的。在回归中,我们也对其进行了对数变换。

对于控制变量,我们参考现有文献(刘小鲁,2017;王贞、封进、宋弘,2019;姚瑶等,2014;于大川,2015;周钦、刘国恩,2015),考虑了个人的社会经济特征,包括年龄、性别、户口、个人身份等,以及个人健康特征、医疗机构等级等。

(二)计量模型

客观统计数据反映的医疗服务利用,是以医疗费用的发生与否作为标志的。对于那些没有就医记录的样本,理论上存在两种可能:一是健康状况良好,不需要医疗服务;二是参保人出于经济条件、就医便利等因素的考虑,在患病后放弃就医。因此,现实中可能存在参保人应就医而未就医的可能性,导致部分真正需要的医疗服务的患者难以被观测,出现样本自选择。为了修正自选择问题可能带来的样本选择偏误,大部分研究都采用 Heckman(Aggarwal,2010)所提出的样本选择模型来处理(龚秀全,2019;刘国恩、蔡春光、李林,2011)。该模型包括选择方程和结果方程两部分,通过引入逆米尔斯比(Inverse Mills Ratio)作为工具变量来修正样本自选择可能带来的偏误。

我们在研究中也采用了样本选择模型。选择方程体现参保人是否利用了医疗服务,包括一年内是否住院和一月内是否门诊;结果方程估计参保人就医后的医疗服务利用程度,我们考虑住院天数、住院总费用、门诊次数和门诊总费用等指标。根据样本选择模型,参保人就医选择和相应的结果是相关的。没有发生的医疗费用支出,同时包括不需要就医和需要但放弃就医两种观察结果。

选择方程如(1)式所示:

$$P_i^* = \alpha_1 \ln s_i + \alpha_2 X_i + \mu_i, \ P_i = 1 \text{ 时}, \ P_i^* > 0; \text{否则} P_i^* = 0 \quad (1)$$

P_i^* 为二分变量 P_i 的潜变量。当 $P_i = 1$ 表示参保人获得了医疗服务,否则表示没有获得。$\ln s$ 为核心解释变量财政补贴,X_i 表示可能影响参保人利用医疗服务的一系列控制变量,包括性别、年龄、户口、个人身份等。α_1、α_2 为待估计的参数,其中,参数 α_1 反映财政补贴对城乡居民就医选择的影响,是我们要重点关注的。

结果方程如(2)式所示。仅当患病个体选择就医时,我们才能观察到其医疗服务利用状况并进行以下估计:

$$\ln(Y_i \mid P_i = 1) = \beta_1 \ln s_i + \beta_2 Z_i + v_i \quad (2)$$

其中,Y_i 为结果方程的被解释变量集,分别为对数化处理后的住院天数、住院总费用、门诊次数和门诊总费用。Z_i 为控制变量集,还包括是否有慢性病①、医疗机构等级、报销年度和月份的虚拟变量②。其中,μ_i、v_i 为随机扰动项,服从二维正态分布假设,且 $Cov(\mu_i,v_i)\neq0$,即二者可能存在相关关系。

除此以外,我们在第六部分还就"财政补贴是否影响参保人对不同级别医疗机构的选择""补贴资金对住院与门诊保障水平的影响是否存在差异"等问题进行了分析。对于第一个问题,因变量为是否选择特定级别的医疗机构,为虚拟变量,我们采用 Logit 回归;其他两个问题的研究,因变量为连续变量,我们采用最小二乘估计。控制变量详见实证分析部分,在此不详述。

四、数据来源和描述性统计

(一)数据来源

数据来源于样本地区城乡居民医保信息管理部门的大规模微观个体数据。该数据反映了 2014 – 2017 年间参保个体缴费及享受医疗待遇的相关信息,包括门诊或住院患者的个人信息、疾病诊断、医疗机构、医疗费用及报销情况等。门诊数据观测值有 4 014 402 个,其中有门诊记录的观测有 1 722 644 个,住院数据观测值有 5 388 543 个,其中有住院记录的观测有 254 598 个。相比公开的入户调查数据,本数据的优势在于:不仅提供了每位参保人每年获得的财政补贴金额,还详细记录了医保病人每一次住院(门诊)的诊断结果、住院天数、医疗支出和报销情况等的详细信息;数据直接反映真实的就医记录,相比调查数据而言系统性偏误很小,更能保证研究结论的客观性和可靠性;数据的样本量很大,数据跨度 4 年,且无论是门诊还是住院,都有上百万的观测,能够较好地满足 Heckman 两阶段模型回归的需要。

(二)变量的描述性统计

表1汇总了相关变量的描述性统计。可以看出,样本地区年住院率和月门诊率分别为 6.3% 和 32.0%,年均住院费用 11 299.7 元,月均门诊费用为 344.11 元,次均住院和次均门诊费用分别为 7 455.76 和 246.18 元。政府财政

---

① 慢性病根据《第五次全国卫生服务调查》结果,考虑排名前 10 的慢性病种,包括:高血压、糖尿病、椎间盘疾病、缺血性心脏病、脑血管病、胃肠炎、类风湿性关节炎、慢阻性肺部疾病、胆结石和胆囊炎、泌尿系统结石。

② 这里还控制了就诊月份是考虑到患者在就诊行为(特别是复诊)在不同月份存在差异。请参阅王歆、于新亮和程远:《医药消费的"年底效应"——基本医保报销机制对参保者医药消费行为的影响》,载于《保险研究》2015 年第 8 期。

提供的财政补贴均值为 333.12 元/人/年。参保群体平均年龄 36.7 岁,其中男性占比 51.2%,城镇户籍人口占比 9.7%。参保人中有 82.0% 属于农民和无业人员,在校学生占比 14.7%,工人和自由职业者占比 3.2%。在有治疗记录的人群中,有 4.8% 的比例至少患有一种以上的慢性病。

表 1 相关变量的定义及其统计指标

变量名	变量描述	均值	标准差
因变量			
是否住院	一年内如果有住院为 1,否则为 0	0.063	0.244
住 住院费用	年度总住院费用	11 299.70	20 348.31
院 住院天数	年住院天数	0.703	5.617
次均住院	平均每次住院费用	7 455.76	10 328.62
是否门诊	一月内如果有门诊为 1,否则为 0	0.320	0.466
门诊 门诊费用	月度总门诊费用	344.11	1 760.07
门诊次数	月门诊次数	2.680	3.248
次均门诊	平均每次门诊费用	246.18	1 886.99
自变量			
财政补贴	年度财政补贴	333.12	94.61
年龄	根据出生日期推断的年龄	36.665	23.376
性别	如果男性＝1,否则为 0	0.512	0.500
户口	如果城镇户口＝1,否则为 0	0.097	0.296
个人身份			
是否学生	如果是＝1,否则为 0	0.147	0.354
是否干部	包括公务员、干部;如果是＝1,否则为 0	0.001	0.029
是否工人和自由职业者	如果是＝1,否则为 0	0.032	0.176
是否农民、无业人员	如果是＝1,否则为 0	0.820	0.384
医院等级			
是否基层医院	一级、一级半和无级别医院,如果是＝1,否则为 0	0.647	0.478
是否二级医院	如果是＝1,否则为 0	0.278	0.448

（续表）

变量名	变量描述	均值	标准差
是否三级医院	如果是＝1，否则为0	0.075	0.264
是否慢性病	如果有1种以上慢性病为1，否则为0	0.048	0.215

三、实证结果

（一）基本回归

因为数据样本量很大，我们采用 Heckman 两阶段回归，得到的基本回归结果如表2所示。其中，第1列和第5列数据反映的是第一阶段回归，即选择方程的估计结果，其他栏报告的是第二阶段，即参保人在选择就医之后各个结果方程的估计。可以看出，每个回归的逆米尔斯比均在1%的水平下显著，说明采用 Heckman 模型是合理的[①]。

---

① 我们也基于 Probit 回归对各结果变量的残差分布进行了检验，发现均能满足 Heckman 两阶段模型要求误差项必须是正态分布的前提假设。

表 2　基本回归结果

自变量	因变量（住院类）				因变量（门诊类）			
	是否住院	总费用	住院天数	次均住院费用	是否门诊	总费用	门诊次数	次均门诊费用
财政补贴	0.074 ***	1.170 ***	1.054 ***	1.143 ***	0.181 ***	0.089 ***	0.107 ***	−0.195 ***
	(−0.002)	(−0.421)	(−0.393)	(−0.412)	(−0.002)	(−0.005)	(−0.004)	(−0.006)
年龄	0.015 ***	0.299 ***	0.301 ***	0.290 ***	0.045 ***	0.007 ***	0.013 ***	−0.006 ***
	(0)	(−0.091)	(−0.103)	(−0.089)	(0)	(−0.001)	(−0.001)	(−0.001)
性别	−0.105 ***	−1.447 **	−1.394 **	−1.470 ***	−0.017 ***	0.108 ***	0.012 ***	0.096 ***
	(−0.002)	(−0.58)	(−0.599)	(−0.568)	(−0.002)	(0.002)	(−0.002)	(−0.003)
户口	0.074 ***	1.160 ***	1.342 ***	1.120 ***	0.139 ***	−0.025 ***	−0.056 ***	0.030 ***
	(−0.004)	(−0.41)	(−0.465)	(−0.401)	(−0.003)	(−0.004)	(−0.003)	(−0.005)
是否慢性病		0.03 **	0.081 **	−0.031		0.232 ***	0.013 ***	0.219 ***
		(−0.044)	(−0.046)	(−0.043)		(−0.003)	(−0.002)	(−0.003)
是否学生	−0.158 ***	−2.420 ***	−2.611 **	−2.365 ***	−0.762 ***	−0.028	0.418 ***	−0.441 ***
	(−0.004)	(−0.917)	(−1.02)	(−0.897)	(−0.003)	(−0.017)	(−0.013)	(−0.023)
是否干部	−0.703 ***	−11.778 ***	−12.550 ***	−11.482 ***	−1.464 ***	−0.308 ***	0.952 ***	−1.247 ***
	(−0.057)	(−4.291)	(−4.768)	(−4.198)	(−0.06)	(−0.116)	(−0.071)	(−0.123)
是否工人	−0.155 ***	−2.506 ***	−2.550 ***	−2.434 ***	0.033 ***	−0.065 ***	0.002	−0.067 ***
	(−0.006)	(−0.862)	(−0.929)	(−0.843)	(−0.005)	(−0.006)	(−0.004)	(−0.008)

（续表）

自变量	因变量（住院类）				是否门诊	因变量（门诊类）		
	是否住院	总费用	住院天数	次均住院费用		总费用	门诊次数	次均门诊费用
基层医院		−1.143 ***	−0.290 ***	−1.098 ***		−1.513 ***	0.185 ***	−1.694 ***
		（−0.044）	（−0.046）	（−0.043）		（−0.004）	（−0.003）	（−0.005）
二级医院		−0.569 ***	−0.371 ***	−0.472 ***		−0.798 ***	−0.086 ***	−0.712 ***
		（−0.039）	（−0.041）	（−0.038）		（−0.004）	（−0.003）	（−0.005）
常数项	−2.500 ***	−44.469 **	−52.920 ***	−43.370 **	−0.540 ***	4.439 ***	1.405 ***	3.059 ***
	（−0.014）	（−18.421）	（−20.069）	（−18.022）	（−0.012）	（−0.041）	（−0.031）	（−0.054）
逆米尔斯比		18.779 ***	19.532 ***	18.373 ***		0.710 ***	−0.952 ***	1.647 ***
		（−6.557）	（−7.206）	（−6.415）		（−0.03）	（−0.023）	（−0.04）
样本量	4 014 334	4 014 334	4 014 334	4 014 334	2 074 806	2 074 806	2 074 806	2 074 806

注：考虑到我们采用的是非平衡面板数据，表中括号内为聚类稳健标准误；*，** 和 *** 分别表示回归系数在 10%、5% 和 1% 的水平上显著；为了控制不同对间住院（门诊）时间对间对结果变更可能造成的影响，我们在主回归中还控制了结算年份和月份的固定效应。

根据表2,财政补贴显著增加了参保人的住院服务利用,体现在住院概率、总费用、住院天数和次均住院费用均显著增加。财政补贴也显著促进了参保人的门诊服务利用,体现在门诊概率、门诊次数和总门诊费用都显著增加,但次均门诊费用显著降低。这可能是因为该地区2016年以来开始实行按病种分值付费为核心的医保支付方式改革,加强了对门诊费用控制的结果。从结果方程的回归系数的大小来看,财政补贴对住院的影响程度要明显大于门诊。这一方面体现了城乡居民医保"保大病"的定位,另一方面也可能受到医疗机构选择、保障水平差异等因素的影响。我们将在第五部分进一步分析。

根据其他控制变量的系数可看出:年龄越大,住院和门诊服务就利用越多;慢性病人相比非慢性病人利用了更多的医疗服务;男性的住院服务利用要低于女性,但门诊服务利用要高于女性;城镇居民相比农村居民的住院服务利用更多,门诊概率和次均门诊费用更高;"是否学生""是否干部"和"是否工人"的各项系数大多显著为负,说明这些群体相比对照组(农民和无业人员),利用了更少的住院和门诊医疗服务;"基层医院"和"二级医院"相比对照组(三级医院)其各项系数大多显著为负,说明城乡居民普遍倾向于去高级别的医院就医,体现出三级医院对医保病人的"虹吸效应"(申曙光、张勃,2016;徐文英、李超、吴明,2011),但对门诊次数而言,解释变量"基层医院"的系数为正,这可能是因为居民在大医院首诊之后,更多选择基层医院复诊或取药。

(二)异质性分析

1. 不同群体的分析

《"健康中国2030"规划纲要》指出,要突出解决好老年人、低收入人群等重点人群的健康问题。从人类的健康规律来看,老年人往往健康状况更差,从而影响他们的医疗服务利用状况(Pauly,2005)。因此,我们首先对老年人和中青年群体进行分析。

表3报告了按是否老年人进行分组的回归结果。其中,Panel A体现的是对住院服务利用的影响。从选择方程来看(第1、5列),财政补贴使两类群体的住院概率均显著增加,但从系数的大小来看,财政补贴对老年人的影响(0.223)远大于对中青年群体的影响(0.031)。从结果方程来看,财政补贴显著提高了老年人的住院总费用、住院天数和次均住院费用,但是对中青年组的这些指标均无显著影响。

表3　财政补贴对老年人和中青年人医疗服务利用的影响

解释变量	老年人				中青年			
	是否住院	总费用	住院天数	次均住院	是否住院	总费用	住院天数	次均住院
	(1)	(2)	(3)	(4)	(5)	(6)	(7)	(8)
Panel A 住院服务利用								
财政补贴	0.223***	1.59**	1.262***	1.319**	0.031***	0.401	0.385	0.539
	(−0.005)	(−1.416)	(−1.208)	(−1.185)	(−0.002)	(−0.371)	(−0.351)	(−0.491)
逆米尔斯比		8.541**	7.128**	7.151**		15.772**	21.735***	20.863***
		(−7.473)	(−6.761)	(−6.257)		(−13.762)	(−19.542)	(−18.204)
样本量		575036	573457	575035		3439298	3433445	3439297
Panel B 门诊服务利用								
解释变量	是否门诊	总费用	门诊次数	次均门诊	是否门诊	总费用	门诊次数	次均门诊
财政补贴	0.324***	0.019	−0.022	0.041	0.102***	0.110***	−0.034***	0.144***
	(−0.004)	(−0.032)	(−0.017)	(−0.028)	(−0.002)	(−0.006)	(−0.003)	(−0.008)
逆米尔斯比		0.071**	−0.156**	0.224***		1.477***	−0.549***	2.021***
		(−0.147)	(−0.079)	(−0.128)		(−0.058)	(−0.03)	(−0.076)
样本量		543448	543448	543448		1531358	1531358	1531358

注:表中括号内为稳健标准误;*、** 和 *** 分别表示回归系数在10%、5%和1%的水平上显著;受篇幅所限,本表仅报告了主要结果,其他控制变量包括年龄、性别、户口、人员身份、是否慢性病、医疗机构等级和年份固定效应。

根据 Panel B,财政补贴对门诊概率的影响与住院类似——两类群体的门诊概率均显著增加,且对老年人的影响(0.324)远大于对中青年人的影响(0.102),但是对其他结果变量的影响体现出与住院相反的差异:财政补贴对老年人的门诊总费用、门诊次数和次均门诊费用影响不显著,但显著增加了中青年组的门诊总费用和次均门诊费用。值得注意的是,财政补贴在提高中青年组门诊概率的同时,反而显著降低了他们的月均门诊次数。这表明财政补贴显著降低了中青年群体因病放弃医疗的可能性。中青年的平均门诊次数为何反而减少呢? 这可能是因为受到疾病发生规律的影响。因为中青年人相对老年群体患慢性病的比率较低,在去医院确认后需要复诊的次数相对就少,对复诊的需求要低于老年人①。

―――――――――――

① 普通疾病如感冒通常首诊之后在一个疗程内可恢复健康。

从表 3 可以看出,两个群体在"是否住院"和"是否门诊"的回归系数存在明显差异:老年组的这两个回归系数远大于中青年组。为了检查这一结果的可靠性,我们对两组系数进行了 T 检验,发现两组系数的差异存在统计上的显著性。可见,财政补贴显著增加了参保人一年内住院概率和一个月内门诊的概率,且根据对老年人的影响比中青年组更大。财政补贴老年人医疗服务利用的影响主要体现在住院,对中青年人的影响则主要体现在门诊。

考虑到城乡"二元"结构的影响,城镇居民相比农村居民对医疗保险的反应可能存在差异(高秋明,2018;姚瑶等,2014),我们进一步区别城乡居民考察财政补贴对医疗服务利用的影响。回归结果如表 4 所示。

表 4　财政补贴对城乡居民医疗服务利用的影响差异

解释变量	城镇居民				农村居民			
	是否住院	总费用	住院天数	次均住院	是否住院	总费用	住院天数	次均住院
	(1)	(2)	(3)	(4)	(5)	(6)	(7)	(8)
Panel A 住院服务利用								
财政补贴	0.085 ***	0.743	0.494	0.712	0.074 ***	1.071 **	1.007 **	1.095 **
	(−0.01)	(−1.094)	(−0.639)	(−1.08)	(−0.002)	(−0.428)	(−0.424)	(−0.437)
逆米尔斯比		9.981 **	6.805 **	9.855 ***		17.349 ***	18.780 **	17.730 ***
		(−14.349)	(−10.058)	(−14.167)		(−6.721)	(−7.839)	(−6.868)
样本量		336863	336299	336863		3677471	3670603	3677469
Panel B 门诊服务利用								
解释变量	是否门诊	总费用	门诊次数	次均门诊	是否门诊	总费用	门诊次数	次均门诊
财政补贴	0.390 ***	−0.027	0.021 ***	−0.192 ***	0.167 ***	0.092 ***	0.102 ***	−0.192 ***
	(−0.009)	(−0.038)	(−0.017)	(−0.031)	(−0.002)	(−0.005)	(−0.004)	(−0.007)
逆米尔斯比		0.409 ***	−0.553 ***	0.954 ***		0.783 ***	−0.991 ***	1.758 ***
		(−0.096)	(−0.049)	(−0.09)		(−0.035)	(−0.027)	(−0.048)
样本量		239 126	239 126	239 126		1 835 680	1 835 680	1 835 680

注: 表中括号内为稳健标准误;* 、** 和 *** 分别表示回归系数在 10%、5%和 1%的水平上显著;受篇幅所限,本表仅报告了主要结果,其他控制变量包括年龄、性别、户口、人员身份、是否慢性病、医疗机构等级和年份固定效应。

从 Panel A 的选择方程可以看出,财政补贴均显著增加了城乡居民一年内接受住院服务的可能性(第1、5列数据)。但是,从结果方程来看,财政补贴对城镇居民的住院总费用、住院天数和次均住院无显著影响,而是显著提高了农村居民的住院总费用、住院天数和次均住院费用。根据Panel B,财政补贴均也显著增加了城乡居民一个月内选择门诊服务的可能性(第1、5列),且对城镇居民的影响程度更大(系数0.390)。就结果方程来看,财政补贴显著提高了两个群体的月均看门诊的频次(门诊次数),同时次均门诊费用也显著下降。但从对总费用的影响来看,对城镇居民的影响并不显著。相比之下,可能是因为农村居民月均看门诊的频次增加程度更大,从而导致农村居民的门诊总费用显著增加。

总体来看,财政补贴对农村居民医疗服务利用的影响要大于城镇居民。这可能是因为,受城乡医疗资源分配失衡等因素的影响,城镇居民的医疗服务利用本身就远高于农村居民,医疗需求已经得到较好的释放,相关指标的提升空间不大。而农村居民通常收入水平低、健康状况更差。财政补贴缓解了他们在面临疾病时的经济约束,医疗需求得到更大程度的释放。另外,有研究表明,农村居民在就医过程中可能面临更多的诱导需求(Aron-Dine,Finkelstein,2013),可能也是其中一个原因。

2. 不同门诊类别的差异

医疗服务具有明显的层次属性,除了门诊和住院的区别,在门诊服务方面,也存在普通门诊与特定病种门诊(简称"特定门诊")之分。根据样本地区的制度规定,对治疗周期长、医疗费用较高的一些特定疾病由城乡居民医保基金按规定进行报销。这些疾病包括肝硬化、糖尿病、帕金森病、恶性肿瘤、类风湿性关节炎、再生障碍性贫血、系统性红斑狼疮等21种慢性病或重大疾病。

表5报告了财政补贴对不同类别门诊医疗服务利用的影响。可以看出,财政补贴显著提高了城乡居民对两类门诊服务的利用概率和门诊次数,其中对特定门诊的影响程度远远大于普通门诊。从总费用所受到的影响来看,财政补贴每增加1%,普通门诊的总费用降低1.9%(−0.019),特定门诊的总费用增加22.3%(0.223)。可见,财政补贴对门诊服务利用的促进效应主要体现在特定门诊而非普通门诊。从其他控制变量的系数来看,年龄越大,越可能选择特定门诊服务;男性相比女性、城镇居民相比农村居民更可能看特定门诊和享受更多的特定门诊服务。

表5　财政补贴对不同类别门诊医疗服务的影响

自变量	普通门诊				特定门诊			
	是否门诊	总费用	门诊次数	次均门诊	是否门诊	总费用	门诊次数	次均门诊
财政补贴	0.052 ***	−0.019 ***	0.033 ***	−0.050 ***	0.205 ***	0.223 ***	0.429 ***	−0.204 ***
	(−0.002)	(−0.006)	(−0.004)	(−0.005)	(−0.003)	(−0.013)	(−0.022)	(−0.012)
年龄	−0.070 ***	0.005	−0.028 ***	0.032 ***	0.078 ***	0.057 ***	0.161 ***	−0.103 ***
	(0)	(−0.004)	(−0.002)	(−0.003)	(0)	(−0.005)	(−0.008)	(−0.005)
性别	−0.087 ***	0.079 ***	0.002	0.077 ***	0.076 ***	0.164 ***	0.128 ***	0.036 ***
	(−0.002)	(−0.005)	(−0.003)	(−0.004)	(−0.002)	(−0.005)	(−0.009)	(−0.005)
户口	−0.381 ***	−0.170 ***	−0.105 ***	−0.069 ***	0.498 ***	0.340 ***	0.855 ***	−0.510 ***
	(−0.003)	(−0.021)	(−0.013)	(−0.017)	(−0.003)	(−0.024)	(−0.041)	(−0.023)
逆米尔斯比		0.190 ***	0.378 ***	−0.169 ***		1.171 ***	2.617 ***	−1.432 ***
		(−0.073)	(−0.044)	(−0.061)		(−0.075)	(−0.127)	(−0.07)
样本量		2 074 806	2 074 806	2 074 806		2 074 806	2 074 806	2 074 806

注:表中括号内为稳健标准误;*、** 和 *** 分别表示回归系数在10%、5%和1%的水平上显著;受篇幅所限,本表仅报告了主要结果,其他控制变量包括人员身份、是否慢性病、医疗机构等级、年份固定效应和月份固定效应;各项回归的逆米尔斯比率均显著。

　　特定门诊涉及的病种相比普通疾病而言,病程长、患者的费用负担大,往往成为居民因病致贫的关键因素。财政补贴对特定门诊服务利用的积极作用,体现了制度"保大病"的定位,对于降低城乡居民的疾病经济负担无疑是有利的。

四、进一步的分析

(一)财政补贴与就医选择行为

　　医疗机构选择是医疗服务利用的前提。考察财政补贴对居民就医选择行为的影响,有助于我们深入了解第四部分的实证结果。为此,我们以特定级别医疗机构作为被解释变量进行了回归分析,结果如表6所示。可以看出,对于住院,财政补贴显著增加了城乡居民对三级医院的访问,减少了对基层医院的访问;对于门诊,财政补贴显著增加了城乡居民对三级医院和基层医院的访问,减少了对二级医院的访问。就门诊访问而言,三级医院和基层医院均体现出访问增加,可能是因为大量病人(特别是慢性病患者)选择三级医院初诊,而在复诊取药时,考虑到就医便利和差异化报销比例等倾向于选择基层社区医院。另一个可能的原因是分级诊疗的效果。在中国,由于医疗服务递送体系的改革进展滞后(Yip et al.,2019),居民就医普遍存在大医院偏好,大医院集中了优质医疗资源,对整个医疗服务市场形成明显的"虹吸效应"(申曙光,张勃,2016)。分级诊疗是中国当前深化医疗卫生体制改革主要目标之一,其核心是根据疾病的轻重缓急以及治疗的难易程度进行分级,使大医院和专科医院专注于"急危重症"和"疑难杂症",而让常见病、多发病治疗"下沉"至基层医疗机构,以推动医疗服务质量和效率的提升。

表 6　财政补贴对医疗机构选择的影响

自变量	住院选择			门诊选择		
	三级医院	二级医院	基层医院	三级医院	二级医院	基层医院
财政补贴	0.184 ***	−0.016	−0.086 ***	0.459 **	−0.111 ***	0.073 ***
	(−0.024)	(−0.013)	(−0.014)	(−0.189)	(−0.018)	(−0.019)
年龄	−0.008 ***	−0.026 ***	0.049 ***	0.056 ***	0.148 ***	−0.130 ***
	(−0.001)	(−0.001)	(−0.001)	(−0.007)	(−0.004)	(−0.004)
性别	0.085 ***	−0.127 ***	0.072 ***	−0.051	0.136 ***	−0.119 ***
	(−0.014)	(−0.011)	(−0.015)	(−0.053)	(−0.024)	(−0.025)
户口	0.830 ***	0.061 ***	−1.019 ***	0.621 ***	0.892 ***	−1.124 ***
	(−0.02)	(−0.018)	(−0.031)	(−0.06)	(−0.034)	(−0.036)
是否慢性病	−0.332 ***	0.029 **	0.199 ***	1.197 ***	0.393 ***	−0.779 ***
	(−0.015)	(−0.012)	(−0.013)	(−0.049)	(−0.026)	(−0.025)
常数项	0.242 ***	0.517 ***	0.241 ***	−0.036 ***	−0.156 ***	1.193 ***
	(−0.011)	(−0.014)	(−0.014)	(−0.005)	(−0.014)	(−0.015)
样本量	362 090	362 090	362 090	1 722 449	1 722 449	1 722 449

注:表中括号内为稳健标准误;* 、** 和 *** 分别表示回归系数在10%、5%和1%的水平上显著;控制变量还包括个人身份、就医年份和月份的固定效应。限于篇幅,我们只列出主要结果。

　　总体上看,财政补贴强化了居民就医时的大医院偏好。这说明财政补贴降低了居民获得医疗保险的成本和所面临的医疗服务价格,提升了其消费更高层次医疗服务的能力。边际效应分析结果表明:财政补贴每增加 1%,选择三级医院住院的比例增加 3.12%,选择三级医院门诊的比例增加 1.79%。因为财政补贴是城乡居民医保主要的筹资来源,这一现象从侧面表明,补贴资金和医保基金有向三级医院流动和分配的趋势。三级医院作为主要承担"急危重症"和"疑难杂症"的诊疗服务的最高级别医疗机构[1],是提供住院医疗服务最重要主体。参保人向三级医院集中,也客观上增加了住院服务利用占全部医疗服务的比重。

(二)财政补贴对保障水平的影响

居民就医行为还会受到医疗服务价格的影响(刘汉成、陶建平,2020)。基于这一视角,财政补贴是否会通过影响不同类别医疗服务的补偿水平,从而影响城乡居民的医疗服务利用?我们利用访问层次的数据,分别以住院实际补偿比和门诊实际补偿比作为被解释变量,对此进行了进一步分析,结果如表 7 所示。

表 7　财政补贴对住院和门诊保障水平的影响

自变量	住院			门诊		
	(1)	(2)	(3)	(4)	(5)	(6)
财政补贴	0.037 ***	0.044 ***	0.012 **	0.097	0.018	−0.007 *
	(−0.002)	(−0.001)	(−0.001)	(−0.005)	(−0.004)	(−0.002)
人口统计学变量	控制	控制	控制	控制	控制	控制
是否慢性病		控制	控制		控制	控制
医疗机构等级		控制	控制		控制	控制
时间固定效应			控制			控制
样本量	361 214	361 214	361 214	1 498 178	1 498 178	1 498 178

注:括号内为稳健标准误;*、** 和 *** 分别表示回归系数在 10%、5% 和 1% 的水平上显著;人口统计学变量包括年龄、性别、户口和个人身份;时间固定效应包括结算年份和月份不同可能造成的差异。限于篇幅,我们只列出主要结果。

可以看出,财政补贴显著提高了住院的保障水平,但对门诊的保障水平影响不显著,说明财政补贴资金更多地用于提高住院补偿水平而非门诊。样本

① 2015 年国务院《关于推进分级诊疗制度建设的指导意见》(国办发〔2015〕70 号)。

地区的数据统计也显示,住院平均实际补偿比为59.6%,但门诊平均实际补偿比仅为35.9%,两者相差23.7个百分点。这在一定程度上为表2展示的财政补贴对住院服务的促进效应大于门诊服务提供了一种解释。根据传统的医疗需求模型,医疗服务需求与其价格变动成反向关系(赵绍阳、臧文斌、尹庆双,2015;Aron-Dine and Finkelstein,2013)。保障水平越高,患者面临的医疗服务显得越"便宜",就越可能选择这一类的医疗服务。

综上所述,财政补贴更大程度促进了居民对住院服务的利用,显著推动了参保人对三级医院的访问,以及显著提高了住院保障水平。这些因素可能导致住院医疗服务扩大化趋势。特别是,门诊保障水平远低于住院保障水平,使参保人更倾向于利用住院服务,容易诱发供需双方的道德风险,出现小病大治、过度医疗等问题(黄枫、甘犁,2010),从而造成医疗资源和医保基金的浪费。

五、结论与讨论

我们利用样本地区的大规模医保数据,实证分析了财政补贴对医疗服务利用影响,得出以下结论:①财政补贴显著促进了城乡居民的住院和门诊医疗服务利用,其中对住院服务利用的影响程度更大。②财政补贴对医疗服务利用的影响效应存在异质性。老年群体相比中青年群体、农村居民相比城镇居民受到的影响更大。财政补贴对老年人医疗服务利用的促进效应主要体现在住院,对中青年人的影响则主要体现在门诊;表现为财政补贴显著提高了老年人的住院服务利用,但对中青年群体的影响有限;财政补贴显著增加了中青年群体的门诊服务利用,但对老年人的影响有限或不显著。分城乡来看,财政补贴使农村居民的门诊和住院服务利用均得到显著提高,相比之下对城镇居民的影响有限或不显著;分门诊类别来看,财政补贴对门诊服务利用的促进效应主要体现在特定门诊而非普通门诊。③进一步分析发现,财政补贴使参保人增加了对大医院的访问,同时促进了住院(而非门诊)保障水平的提高。

我们的研究表明,财政补贴显著促进了老年人和农村居民等相对弱势者的医疗服务利用,有利于缩小城乡差距和促进城乡公共服务均等化;财政补贴对于特定门诊服务的显著促进效应,对于慢性病人和大病患者缓解经济负担和分散疾病风险,也有着重要意义。这不仅表明医保补偿较好地体现了"保大病"的定位,也从侧面反映财政补贴的再分配机制总体上是有利于老年人和农村居民的。但与此同时,我们也要注意到,财政补贴显著提高了老年人的住院服务利用,但对门诊的影响不显著。这可能与当前的医保补偿制度向住院倾斜有关。老年人是慢性病高发群体,理应有比中青年人更强的门诊需求。但同样的疾病治疗和检查项目,要住院才有报销,或者住院比门诊报销更多,就会诱使老年人"能住院就住院"。在医疗卫生领域的改革还不充分的情况下,医生也往往存在诱导住院服务的动机。这种医患双方的道德风险将导致医疗费用的不合理增长,造成医保基金的低效和浪费。除此以外,我们还发现,财政补贴强化了居民就医时的大医院偏好,显著提高了住院(而非门诊)的保障水平。这一方面表明财政补贴有利于提高医疗服务利用水平和质量,另一方面也验证了上述推断,即偏向住院的医保补偿制度设计,使财政补贴资金主要流向住院保障,而相对忽略了门诊保障。如何在设计医保补偿机制时,实现在住院和门诊之间的合理权衡,是决策者们未来需要思考的一个重要问题。

因此,城乡居民医保需要在"保大病"的同时,也要兼顾"保小病",这就需要加快门诊统筹步伐和适当提高门诊保障水平。注重"保小病"有利于扩大参保人的受益面,增加参保人对医保制度的认同感和获得感;可以防止参保人小病"硬扛",拖成大病再去就医,从而造成医疗费用的不合理增长。注重"保小病"也有利于优化医保基金支出结构,提高医保基金的使用效率(何文、申曙光,2018;郑莉莉,2017)。随着我国人口老龄化的趋势加剧,慢性病已经成为影响老年群体的主要健康风险,过于强调住院不利于基金支出控制,而使住院服务向门诊服务转化能够降低总医疗费用(简伟研、方海,2015),降低医保基金的收不抵支风险。另一个政策启示是,有必要进一步完善分级诊疗制度以缓解大医院的压力。继续推行"基层首诊、双向转诊、急慢分治、上下联动"的分级诊疗模式,将绝大多数的小病和常见病引导到基层医院,让大医院将有限资源集中在疑难杂症和急难重症的治疗和研究,有助于优化医疗资源配置,进一步缓解城乡居民的"看病难,看病贵"问题。

参考文献

高秋明,2018. 城乡老龄人群医疗服务利用差别研究——以北方某大型城市为样本[J]. 中国特色社会主义研究(04):33-38,58.

龚秀全,2019. 社会医疗保险对老人临终医疗服务利用的影响[J/OL]. 保险研究(04):102-115. DOI:10.13497/j.cnki.is.2019.04.008.

何文,申曙光,2018. 医保"保小病"能否兼顾健康保障与费用控制?[J/OL].

保险研究(11)：93 - 106. DOI:10.13497/j.cnki.is.2018.11.008.

黄枫，甘犁，2010.过度需求还是有效需求？——城镇老人健康与医疗保险的实证分析[J].经济研究，45(06)：105 - 119.

黄枫，甘犁，2012.医疗保险中的道德风险研究——基于微观数据的分析[J].金融研究(05)：193 - 206.

黄薇，2019.保险政策与中国式减贫:经验、困局与路径优化[J/OL].管理世界，35(01)：135 - 150. DOI:10.19744/j.cnki.11 - 1235/f.2019.0010.

简伟研,方海,2015.门诊服务对住院服务替代效应的实证分析[J].北京大学学报(医学版)(03)：459 - 463.

李亚青、黄子丽、冯嘉宏，2015.我国基本医疗保险财政补贴制度:现状、问题与对策[J].中国卫生政策研究，8(06)：1 - 7.

刘国恩、蔡春光、李林，2011.中国老人医疗保障与医疗服务需求的实证分析[J].经济研究，46(03)：95 - 107，118.

刘汉成，陶建平，2020.倾斜性医疗保险扶贫政策的减贫效应与路径优化[J].社会保障研究(04)：10 - 20.

刘小鲁，2017.中国城乡居民医疗保险与医疗服务利用水平的经验研究[J/OL].世界经济，40(03)：169 - 192. DOI:10.19985/j.cnki.cassjwe.2017.03.009.

马超，顾海，孙徐辉，2017.医保统筹模式对城乡居民医疗服务利用和健康实质公平的影响——基于机会平等理论的分析[J/OL].公共管理学报，14(02)：97 - 109，157. DOI:10.16149/j.cnki.23 - 1523.2017.02.009.

申曙光，张勃，2016.分级诊疗、基层首诊与基层医疗卫生机构建设[J/OL].学海(02)：48 - 57. DOI:10.16091/j.cnki.cn32 - 1308/c.2016.02.008.

王贞，封进，宋弘，2019.提升医保待遇对我国老年医疗服务利用的影响[J].财贸经济，40(06)：147 - 160.

徐文英，李超，吴明，2011.我国卫生资源配置失衡的实证分析——基于医疗竞争模式的视角[J/OL].经济管理，33(08)：156 - 161. DOI:10.19616/j.cnki.bmj.2011.08.023.

姚瑶，刘斌，刘国恩，等，2014.医疗保险、户籍制度与医疗服务利用——基于CHARLS数据的实证分析[J/OL].保险研究(06)：105 - 116. DOI:10.13497/j.cnki.is.2014.06.001.

于大川，2015.城镇居民医疗保险是否促进了医疗服务利用？——一项对制度运行效果的实证评估[J]. 金融经济学研究，30(05)：117 - 128.

张仲芳，刘星，2020. 参加基本医疗保险与民众的"获得感"——基于中国综合社会调查数据的实证分析[J/OL]. 山东社会科学(12)：147 - 152. DOI：10.14112/j.cnki.37 - 1053/c.2020.12.021.

赵绍阳，臧文斌，尹庆双，2015. 医疗保障水平的福利效果[J]. 经济研究，50(08)：130 - 145.

郑莉莉，2017. 医疗保险改变了居民的就医行为吗？——来自我国 CHNS 的证据[J/OL]. 财政研究(02)：84 - 97. DOI：10.19477/j.cnki.11 - 1077/f.2017.02.008.

周钦，刘国恩，2015. "全民医保"与"垫支"负担——医保垫付制度对居民医疗服务利用的影响[J/OL]. 保险研究(07)：106 - 119. DOI：10.13497/j.cnki.is.2015.07.011.

AGGARWAL A，2010. Impact evaluation of India's ' Yeshasvini ' community-based health insurance programme［J/OL］. Health Economics，19(S1)：5 - 35. DOI：10.1002/hec.1605.

ARON-DINE A，EINAV L，FINKELSTEIN A，2013. The RAND Health Insurance Experiment，three decades later［J/OL］. The Journal of Economic Perspectives，27(1)：197 - 222. DOI：10.1257/jep.27.1.197.

CHANNON A A，ANDRADE M V，NORONHA K，et al.，2012. Inpatient care of the elderly in Brazil and India：assessing social inequalities[J/OL]. Social Science & Medicine，75(12)：2394 - 2402. DOI：10.1016/j.socscimed.2012.09.015.

HECKMAN J J，1977. Sample selection bias as a specification error（with an application to the estimation of labor supply functions）［M/OL］. National Bureau of Economic Research. https：//www.nber.org/papers/w0172. DOI：10.3386/w0172.

Izumida N，Urushi H，Nakanishi S，1999. An empirical study of the physician-induced demand hypothesis：the cost function approach to medical expenditure of the elderly in Japan. Scienceopen. Review of Population and Social Policy(08)：11 - 25.

KIFMANN M，ROEDER K，2011. Premium subsidies and social health insurance：Substitutes or complements？［J/OL］. Journal of Health

Economics，30(6)：1207 - 1218. DOI：10.1016/j.jhealeco.2011.08.007.

PAULY M V，2005. Effects of insurance coverage on use of care and health outcomes for nonpoor young women[J/OL]. The American Economic Review，95(2)：219 - 223. DOI：10.1257/000282805774669844.

WAGSTAFF A，LINDELOW M，2008. Can insurance increase financial risk? The curious case of health insurance in China[J/OL]. Journal of Health Economics，27 (4)：990 - 1005. DOI：10.1016/j.jhealeco.2008.02.002.

YIENGPRUGSAWAN V，CARMICHAEL G A，LIM L L Y，et al.，2010. Has universal health insurance reduced socioeconomic inequalities in urban and rural health service use in Thailand? [J/OL]. Health & Place，16(5)：1030 - 1037. DOI：10.1016/j.healthplace.2010.06.010.

YIP W C M，HSIAO W C，CHEN W，et al.，2012. Early appraisal of China's huge and complex health-care reforms[J/OL]. The Lancet，379 (9818)：833 - 842. DOI：10.1016/S0140 - 6736(11)61880 - 1.

YIP W，FU H，CHEN A T，et al.，2019. 10 years of health-care reform in China：progress and gaps in Universal Health Coverage[J/OL]. Lancet (London，England)，394 (10204)：1192 - 1204. DOI：10.1016/S0140 - 6736(19)32136 - 1.

YIP W，HSIAO W，2009. China's health care reform：a tentative assessment[J/OL]. China Economic Review，20(4)：613 - 619. DOI：10.1016/j.chieco.2009.08.003.

ZWEIFEL P，MANNING W G，2000. Moral hazard and consumer incentives in health care [M/OL]//CULYER A J，NEWHOUSE J P. Handbook of Health Economics：1. Elsevier：409 - 459[2023 - 02 - 28]. https：//www. sciencedirect. com/science/article/pii/S1574006400801675. DOI：10.1016/S1574 - 0064(00)80167 - 5.

Whether the Premium Subsidies for China's
Health Insurance Promote Health Care Utilization of the Residents?

Luo Yao Li Yaqing

Abstract: The premium subsidies is not only the main financing source of China's Urban and Rural Residents' Health Insurance (URRHI), but also government transfer means of promoting social justice. whether the premium subsidies stimulate health care utilization of the residents? Based on sample city's large-scale health insurance database, the paper conducts a empirical research on this issue. The main findings include: premium subsidies significantly increased either outpatient or inpatient health care utilization of the urban and rural residents. However, the effect of the subsidies is heterogeneous, having a greater influence on relatively vulnerable groups of the elderly and rural resident and a greater influence on Special Outpatient, which deals with chronic and critical illness, than the Ordinary Outpatient health care utilization. Specifically, the subsidies largely enhanced old resident's inpatient health care utilization. But for the rural resident, both inpatient and outpatient health care utilization are improved significantly. Further analysis reveals that the subsidies strengthened residents' preference of large hospitals, upgraded the reimbursement rate of inpatient rather than outpatient. The conclusions have important enlightenment on improving the reimbursement mechanism of URRHI and redistribution mechanism of the national health insurance.

Key words: health insurance; premium subsidies; the elderly; rural residents; Health care utilization

致 读 者

  《实证社会科学》是由上海交通大学国际与公共事务学院主办的一本社会科学学术出版物,以实证性研究为导向,以构建学术交流平台、传递学术信息、推动实证性社会科学发展为宗旨,侧重收录社会学、政治学、经济学、法学和管理学等社会科学各个领域实证与探索的最新成果,包括实证研究方法的研究及探讨。

  实证研究方法可以概括为通过对研究对象观察、实验和调查,获取客观材料,从个别到一般,归纳出事物的本质属性和发展规律的一种研究方法。实证社会科学研究不一定是量化研究;非量化研究,包括田野调查、案例分析、文本分析等都是实证研究的重要部分。本丛书致力于实证研究的前沿,遵循理论联系实际的原则,坚持学术性和应用性相结合,坚持社会科学的正确导向,严守学术规范,鼓励学术创新,以传播先进文化、推进知识增殖、促进实证研究繁荣为己任,注意发表具有理论深度和学术价值的实证性研究文章,以严谨朴实的编辑风格和深厚的学术底蕴,努力为社会科学工作者提供发表研究成果,传递和交流最新研究动态的平台与阵地,并为社会政策的实施提供理论和方法的支撑。本丛书主要收录社会学、政治学、经济学、法学和管理学等学科领域运用实证研究方法,所取得具有学术价值的研究成果。

  《实证社会科学》突出实证性、学术性和探索性,主要读者为广大社会科学科研人员和社会科学实践从业者。

  投稿约定:

  (1)来稿必须具有创新性、学术性、科学性和准确性、规范性和可读性。

  (2)来稿切勿一稿两投或多投。文稿自收到之日起,3个月内编辑部发出是否录用通知;逾期请及时通过邮件向编辑部查询。

  (3)编辑部将按照规范的程序,聘请有关同行专家评审和丛书编委终审(三审制)。编辑部将根据评审意见公平、公正地决定稿件的取舍。

  (4)稿件文责自负。编辑部对来稿有权作技术性和文字性修改,实质性内容修改须征得作者同意。

(5)凡向本丛书投稿者均同意文章经本丛书收录后,其著作权中的财产权(含各种介质、媒体及各种语言、各种形式)即让与本丛书。作者如不同意,请在来稿中申明。

(6)本丛书仅接受电子投稿,投稿文本格式请使用 WORD 版本字处理软件编辑。

投稿信箱:szshkx@sjtu.edu.cn

来稿要求和注意事项:

(1)来稿要求论点明确、数据可靠、逻辑严密、文字精炼。文稿必须包括题名、作者姓名、单位及邮编、中英文摘要和关键词(3~8 个)、中国图书资料分类号、第一作者简介(包括姓名、出生年、性别、学位、职称、研究方向、电子邮箱)。

(2)文题名恰当简明地反映文章的特定内容,要符合编制题录、索引和选定关键词等所遵循的原则,不使用非公知的缩略词、首字母缩写字符、代号等;也不能将原形词和缩略词同时列出;一般不用副题名,避免用"……的研究"等非特定词,中文题名一般不超过 20 个汉字,英文题名应与中文题名含义一致。

(3)论文摘要尽量写成报道性摘要,其内容独立于正文而存在,它能否准确、具体、完整地概括原文的创新之处,将直接决定论文是否被收录、阅读和引用,摘要长度一般不超过 200~300 字,英文摘要(100~150words)须与中文摘要相对应。摘要应回答好以下四方面问题:①直接研究目的,可缺省;②详细陈述过程和方法;③全面罗列结果和结论;④通过②与③两方面内容展示文中创新之处。中英文摘要一律采用第三人称表述,不使用"本文""作者"等作为主语。

(4)关键词选词要规范,应尽量从汉语主题词表中选取,未被词表收录的词如果确有必要也可作为关键词选用。中英文关键词应一一对应。

(5)论文正文(含图表)中的量和单位的使用必须符合中华人民共和国法定计量单位最新标准。文稿中外文字符的大小写、正斜体、黑白体、上下角标及易混淆的字母应打印清楚。

(6)文中图、表应有自明性,且随文出现。图中文字、符号、纵横坐标中的标值、标值线必须写清,标目应使用法定计量单位(一般不用中文表示)。文中表格一律使用"三线表",表的内容切忌与图和文字内容重复。

(7)正文内各级标题处理如下:一级标题为"一、二、三……",二级标题为"(一)(二)(三)……",三级标题为"1.2.3.……",四级标题为"(1)(2)(3)

……"。一、二、三级标题各独占一行,其中一级标题居中,二、三级标题缩进两个字符左对齐;四级及以下标题后加句号且与正文连排。

(8)注释与参考文献

①注释:注释主要用于对文章篇名、作者及文内某一特定内容作必要的解释或说明,序号一律采用"①、②、③……",每页重新编号。

②稿件中凡采用他人研究成果或引述,在正文中采用括号注与文末列参考文献形式予以说明;正文括号注与文末参考文献必须一一对应。

引用原文文字过长(一般为三行以上)时,须将整个引文单独成段,并左缩进两个字符。段落字体为5号楷体,不加引号。

参考文献应是文中直接引用的公开出版物,以5篇以上为宜。文后参考文献表首先按文种集中,分为中文、日文、西文、俄文、其他文种5部分;然后按照作者姓氏的第一个字母依A—Z顺序和出版年排列。

示例:

尼葛洛庞帝,1996.数字化生存[M].胡泳,范海燕,译.海口:海南出版社.

于潇,刘义,柴跃廷,等,2012.互联网药品可信交易环境中主体资质审核备案模式[J].清华大学(自然科学版),52(11):1518-1523.

杨宗英,1996.电子图书馆的现实模型[J].中国图书馆学报(2):24-29.

李炳穆,2008.韩国图书馆法[J/OL].图书情报工作,52(6):6-12[2013-10-25].http://www.docin.com/p-400265742.html.

BAKER S K,JACKSON M E,1995. The future of resource sharing [M]. New York:The Haworth Press.

CHERNIK B E,1982. Introduction to library services for library technicians[M]. Littleton,Colo.:Libraries Unlimited,Inc.

DOWLER L,1995. The research university's dilemma:resource sharing and research in a transinstitutional environment[J]. Journal Library Administration,21(1/2):5-26.

SUNSTEIN C R,1996. Social norms and social roles[J/OL]. Columbia Law Review,96:903[2012-01-26]. Social norms and social roles. http://www. heinonline. org/HOL/Page? handle = hein. journals/clr96&id=913&collection=journals&index=journals/clr.

正文引用文献的标注,细则如下:

A. 援引一部作品。

A1 一个作者时，列出作者和出版年份，中间用","隔开。

示例：(赵鼎新，2006)(Pollan，2006)

A2 两个作者时，中文作品作者之间用"、"隔开，英文作者之间用"and"相连。

示例：(王晓毅、渠敬东，2009)(Kossinetsand Watts，2009)

A3 三个作者时，中文作品的作者与作者之间用"、"隔开，英文前面两个作者之间用","隔开，后两个作者之间用"，and"隔开。

示例：(Halsey，Health，and Ridge，1980)

A4 三个以上作者时，可以缩写，格式为第一作者加"等"(英文为 et al.)。

示例：(李培林等，2008)(Chen et al.，2014)

B. 援引同一作者两部及以上作品。

B1 不同年份作品。

不同著作的出版年之间用","隔开，即(责任者，年份1，年份2)。

示例：(李培林，1996，1998)

B2 同一年份作品。

引用同一作者同一年份作品时，用 a,b,c……附在年份后，加以区别。参考文献中的年份后同样有对应的 a,b,c。

示例：(李培林，2010a，2010b，2011)

C. 援引不同作者的不同文献，不同文献之间用";"隔开。

示例：(McCarthy and Zald，1973，1977；Tilly，1978；塔罗，2005；麦克亚当等，2006)

D. 以机构等作为责任者，在括号中标注机构的全名或者缩写。

E. 未出版作品。基本格式为：(责任者，即将出版)。

F. 转引作品。

示例：(转引自赫特尔，1988)